La Télémaqueide,

ou

LES AVENTURES

De Télémaque,

FILS D'ULYSSE.

Paris,

Ponthieu, Libraire, Palais-Royal,
Galerie de bois, N° 252;

Delaunay, Libraire, Palais-Royal,
Galerie de bois.

1823.

LA TÉLÉMAQUÉIDE.

Les exemplaires voulus par la loi ont été fournis; je place cet ouvrage sous sa sauve-garde, et je poursuivrai tout contrefacteur.

Mes traductions de *Phèdre* et de *Martial* (1) se trouvent, ainsi que ma *Grammaire latine*, chez madame veuve Nyon, ou chez M. Aumont, quai de Conti, à Paris, et chez divers imprimeurs et libraires de la province.

(1) MM. Auguis et le baron Simon nous ont fait l'honneur de nous mettre au nombre des meilleurs imitateurs de Martial, depuis Cl. Marot jusqu'à nos jours, et, comme on l'a dit, si leur édition générale (Paris, 1819, chez F. Guitel, libraire, rue J.-J. Rousseau, n° 5), doit être appelée le *Martial des hommes faits;* la nôtre est le *Martial de la jeunesse :* elle remplacerait avec avantage, dès la cinquième, certains ouvrages que l'on met entre les mains des enfans, et qu'un grand nombre de bons esprits condamnent sous le rapport des mœurs. Les Anglais ont aussi leur Martial classique, et le sage *Rollin* disait que *c'est surtout de ces petites pièces amusantes qu'il faut meubler la tête des jeunes élèves.*
Nous conservons précisément les témoignages d'approbation que voulut bien nous donner, dans le temps (1815), M. de Fontanes, alors grand-maître de l'Université de France.

IMPRIMERIE DE COSSON.

LA TÉLÉMAQUÉIDE,

OU

LES AVENTURES

DE TÉLÉMAQUE,

FILS D'ULYSSE,

PAR FRANÇOIS DE SALIGNAC

DE LA MOTTE-FÉNÉLON,

ARCHEVÊQUE DE CAMBRAI ;

TRADUITES EN VERS FRANÇAIS

Par M. Bouriaud aîné,

Ancien professeur aux Écoles centrales et aux Lycées, auteur de
deux autres traductions en vers français : des *Fables de Phèdre*,
et d'un *Recueil d'Épigrammes* choisies dans *Martial*.

PARIS,

PONTHIEU ET DELAUNAY, LIBRAIRES,
PALAIS-ROYAL, GALERIE DE BOIS.

LIMOGES,

ARDENT, IMPRIMEUR-LIBRAIRE.

1823.

PRÉFACE

DU TRADUCTEUR.

MALGRÉ certaine prévention, aussi injuste que ridicule, mais qui heureusement ne régnera jamais que dans un cercle fort étroit, *Télémaque*, depuis plus d'un siècle, jouit d'une réputation plus qu'européenne. Ce sont tous les charmes de la fable réunis à toute la force de la vérité; dans le plan tout le *Grandiose* d'Homère, et dans l'exécution toute la délicatesse du Cygne de Mantoue.

« C'est, dit un philosophe moderne, c'est la » *Sagesse* elle-même qui y donne des leçons aux rois » et aux peuples, avec un ton simple et modeste » accompagné du charme de la vérité. Elle enseigne » aux rois les moyens de faire fleurir leurs em- » pires... Elle leur montre la source de l'abondance » et du bonheur dans l'encouragement de l'agri-

1

» culture, dans une protection active et vigilante
» pour le commerce.... Elle dit aux peuples : *La*
» *patrie vous porte dans son sein; soyez sujets fidèles;*
» *songez que la religion, l'honneur, votre intérêt*
» *personnel sont autant de chaînes sacrées, qui vous*
» *lient à l'Etat.* »

Télémaque donc, quoi que l'on ait dit, est digne
de l'archevêque de Cambrai, autant que le *Discours*
sur l'Histoire universelle est digne de l'évêque de
Meaux : ils donnent l'un et l'autre les mêmes leçons, absolument les mêmes tableaux, mais dans
des cadres différens. Si l'on veut bien comparer, on
trouvera des deux côtés les ressemblances les plus
frappantes ; on reconnaîtra dans les deux chefs-
d'œuvre deux monumens éternels du génie qui,
par des voies différentes, parvient au même but.

Quelque suave cependant que soit la prose de
Fénélon, il est à présumer que, si les circonstances
le lui eussent permis, il aurait fait disparaître des
phrases négligées, des expressions quelquefois
triviales, des longueurs, des répétitions trop fréquentes et d'autres défauts que l'admiration la plus
exclusive ne peut s'empêcher de reconnaître, sans

toutefois rien ôter de son mérite à un ouvrage qui ne sortira jamais d'entre les mains des hommes.

Mais n'est-il qu'un *roman moral*, ou doit-on le mettre au rang des *poëmes épiques ?* La question est aujourd'hui généralement décidée. Voici ce que disaient, en 1808, MM. A. V. Arnault, Salverte, etc., au moment qu'ils publiaient la traduction latine de M. Alexandre Viel : « La poésie n'a qu'un lan- » gage, et, dans la meilleure prose poétique.... » l'homme de goût ne peut voir que de belles » images, qui seraient d'une beauté achevée si » elles étaient revêtues du charme attaché aux bons » vers. *Télémaque n'est donc pas un poëme ;* mais » qui ne désirerait d'y trouver le seul mérite qui » lui manque ? et qui nous défend d'espérer qu'il » puisse un jour l'acquérir dans notre langue (1)? » Rien ne semble plus naturel que cette espérance; » rien, *je crois,* n'est moins admissible... La plu- » part des commençans ne croient pouvoir mieux » faire que de rimer des pages de ce Télémaque, » si riche en poésie *toute faite,* et aucun de ces

(1) Parmi les étrangers, Feitama en a donné une traduction hollandaise, qui a obtenu le plus grand succès.

» pâles essais ne subsiste à côté de la prose
» immortelle... C'est que, pour s'exprimer avec
» noblesse, avec intérêt..., il faut *penser par soi-*
» *même*. »

Je ne me permettrai que quelques réflexions sur
ces dernières pensées : d'abord la restriction , *je*
crois, peut consoler ; elle semble annoncer que
tout espoir n'est pas absolument perdu ; en second
lieu la poésie de Télémaque est si peu *toute faite*,
surtout par rapport à *son langage*, dont il s'agit ici
uniquement, que presque partout elle est *à faire;*
il suffit d'essayer pour s'en convaincre. Enfin est-il
donc tellement impossible de se rendre maître de
la pensée d'autrui , que l'on ne puisse en faire sa
propriété? Un exemple, soit dit sans prétendre à
l'égard de personne la faire tirer à conséquence ,
un exemple suffira pour démontrer le contraire :
on a traduit en vers la prose du *Festin de Pierre*
avec le plus grand avantage, et pourtant dans le
même idiome (1).

Quoi qu'il en soit, ces observations eussent été

(1) *Thomas Corneille*, que *Boileau* appelait *un cadet de Nor-*
mandie, et qu'à bien des égards il aurait pu regarder comme son
aîné.

capables de m'effrayer en 1808 ; elles sont venues trop tard : je ne les ai connues qu'en 1822.

La traduction que je publiai du *premier chant,* en 1814, fut accueillie avec une indulgence que j'osais à peine espérer. Pour tout dire néanmoins, une remarque, *une seule,* vint alors affliger mon âme : « Vous avez, m'écrivait-on, dépassé tous » ceux qui vous ont précédé ; *mais......* » Je n'en rapporterai pas davantage, et j'aime à me persuader que j'ai compris, ou mal ou point du tout, ce qui du reste était encore venu trop tard : *jacta erat alea.*

Après avoir retouché le premier chant, j'y ajoute pour le moment le second et le troisième. Comme le traducteur du *Festin de Pierre*, j'ai suivi la prose aussi exactement qu'il m'a été possible, me réservant la liberté de supprimer les redites trop fréquentes, d'embellir les tournures, et d'adoucir certains tableaux qui m'ont paru trop fortement prononcés : on n'a qu'à prendre la peine de comparer et l'on verra jusqu'à quel point j'ai poussé une attention peut-être trop scrupuleuse.

Sans me rendre servile imitateur de personne ,

j'ai tâché de profiter de tout ce que nos *grands
maîtres* ont mis entre les mains de tout le monde.
Sur *deux mille quatre cents vers*, ou environ, un ou
deux hémistiches tombés tout naturellement de
la plume, ne seront pas, je pense, dans le cas de
faire mordre la critique. A l'égard de l'harmonie,
j'en ai étudié les lois dans les meilleurs modèles.
Heureux ceux qui ont pu entendre de leurs pro-
pres oreilles les leçons du digne rival de Virgile !
Il leur a dévoilé tous les mystères de l'art.

Je suis toutefois bien éloigné de partager une
opinion émise dans les notes sur le premier chant
de sa traduction de l'Enéide ; il y est dit que *nous
n'avons ni brèves ni longues* (1). On aurait dû
ajouter : *nous n'avons par conséquent ni prosodie,
ni chant, ni langage poétique.* Quoi ! il n'y a ni
brèves ni *longues* dans ces vers que le hasard me
présente :

> *Rome, l'unique objet de mon ressentiment !*
> (CORNEILLE.)

> *La vertu n'attend pas le nombre des années.*
> (Le même.)

---

(1) Delille ne faisait pas les notes ; j'aime à croire qu'il ne parta-
geait point cette opinion.

Détestables flatteurs ! présent le plus funeste
Que puisse faire aux rois la colère céleste !

(RACINE.)

Soupire, étend les bras, ferme l'œil , et s'endort.

(BOILEAU.)

Je ne sais si je me trompe , mais je ne crois pas
qu'en aucune langue on ait pu faire un emploi
plus heureux de l'anapeste, du dactile, du trochée,
de l'ïambe et du spondée.

On serait tenté de croire que nos grands poëtes
ont trouvé chez les Grecs et surtout dans Horace,
qui les a imités , les modèles des meilleurs vers
français, de quelque mesure qu'ils soient ; les
exemples se présentent en foule :

	Syllabes.
Mǣcē | nās ătă | vīs | ēdītĕ | rēgĭbŭs | .	12
Ou scandant d'une autre manière,	
Mǣcĕ | nās ăt | ăvīs | ēdī | tĕ rē | gĭbūs | .	12
Bĕā | tŭs il | lĕ quī | prŏcŭl | nĕgō | tĭīs | .	12
(*HORACE.*)	
Nōmēn | quĕ dē | bĕt quæ | rĕbēn | tĭbūs | pēnnĭs | .	12
(MARTIAL.)	
Lydia dic per omnes....	7
Solvitur acris hyems....	7
Gratâ vice veris et Favoni....	10
Tu ne quæsieris....	6
Scire nefas, quem mihi, quem tibi....	10
Sic te, diva potens Cypri....	8
Ut prisca gens mortalium....	8
Poscis Quintilium deos....	8
Terruit urbem....	5
Augus Apollo....	5

Nos vers ont eu sans contredit leurs modèles quelque part ; j'aime mieux les trouver là que partout ailleurs : les meilleurs seront toujours ceux où l'on saura employer le plus à propos les divers pieds que l'on vient de remarquer.

Ces observations ont-elles été déjà faites ? Je l'ignore ; mais il en est que l'on ne pourrait rappeler trop souvent ; et, pour terminer une préface que je n'avais point projeté de faire aussi longue, je dirai que M. Mathieu, littérateur distingué, ancien professeur de physique et de chimie au chef-lieu du département de la Corrèze, autant que je puis le croire, a donné à *Nancy* un Dictionnaire français où les *brèves* et les *longues* sont marquées sur chaque mot : peut-être l'a-t-il fait en réponse à la note contre laquelle j'ai cru devoir m'élever.

LA TÉLÉMAQUÉIDE.

SOMMAIRE DU CHANT PREMIER.

TÉLÉMAQUE, conduit par Minerve, sous la figure de Mentor, aborde, après un naufrage, dans l'île de la déesse Calypso, qui regrettait encore Ulysse. La Déesse le reçoit favorablement, conçoit de la passion pour lui, lui offre l'immortalité, et lui demande ses aventures. Il lui raconte son voyage à Pylos et à Lacédémone, son naufrage sur la côte de Sicile, le péril où il fut d'être immolé aux mânes d'Anchise, le secours que Mentor et lui procurèrent à Aceste, dans une incursion de barbares, et le soin que ce roi eut de reconnaître ce service en leur donnant un vaisseau tyrien pour retourner en leur pays.

LA TÉLÉMAQUÉIDE.

CHANT PREMIER.

Ulysse [1] était parti. Dans sa douleur cruelle,
Calypso nuit et jour pleurait d'être immortelle :
La mort seule, la mort eût pu la consoler !
Ses nymphes, dans le deuil, n'osaient plus lui parler.
Plus de jeux, plus de chants ; témoins de sa souffrance,
Les oiseaux affligés imitaient son silence.
Tantôt, seule, elle errait sur les gazons fleuris,
Qu'un printemps éternel dans son île a nourris ;
Mais ces fleurs, ces gazons parlaient de l'infidèle
Que jadis elle y vit si souvent auprès d'elle :
Loin de calmer les maux qui déchiraient son cœur,
Ces sites ravissans aggravaient sa douleur ;
On la voyait tantôt se tenir immobile
Sur les rocs sourcilleux qui couronnaient cette île,
Et fixer constamment ses regards vers les lieux
Où la fatale nef [2] disparut à ses yeux.

Tout à coup elle voit, épars sur le rivage,

Les débris d'un vaisseau perdu dans un naufrage :

Un mât, un gouvernail, quelques rames, des bancs,

Sur le bord de la mer des cordages flottans,

Et deux hommes au loin. L'un touche à la vieillesse ;

L'autre, quoiqu'à la fleur d'une tendre jeunesse,

Rappelle à son amour un héros vertueux,

Sa douceur, sa fierté, son port majestueux !

La déesse aussitôt reconnaît Télémaque,

L'héritier présomptif du royaume d'Ithaque.

Alors, par la douleur ulcéré si long-temps,

Enfin son cœur se rouvre aux plus doux sentimens.

Mais, quoique de bien loin les dieux en connaissance

Surpassent des humains la faible intelligence,

Elle voit Télémaque, et ne devine pas

Quel mortel vénérable accompagne ses pas.

Sous les traits de Mentor ³ c'était Minerve même.

Des Dieux supérieurs la majesté suprême

Aux Dieux du second rang cache ce qu'il lui plaît :

Sous ces humbles dehors la Sagesse voulait

Se couvrir en tous lieux du plus épais nuage.

Cependant Calypso jouissait d'un naufrage

Qui mettait dans son île un héros dont les traits

Lui rappelaient si bien l'objet de ses regrets!

Elle avance, feignant de ne pas le connaître:

« Dans mon île, imprudent, osez-vous bien paraître!

» Lui dit-elle ; d'où vient tant de témérité ?

» Vous en serez puni, comme l'ont tous été

» Les mortels qui n'ont pas respecté mon empire ! »

Sous ces mots menaçans, qu'un feint courroux inspire,

Elle pense cacher les sentimens joyeux,

Qui, malgré sa contrainte, éclatent dans ses yeux.

Télémaque répond, modeste avec noblesse:

« O, qui que vous soyez, ou mortelle ou déesse,

» Quoiqu'à votre démarche, à votre majesté,

» Tout nous décèle en vous une divinité,

» Seriez-vous insensible à la douleur profonde

» D'un fils, qui cherche un père à la merci de l'onde,

» Et qui voit son vaisseau brisé par vos rochers ?

» — Quel est, dit Calypso, celui que vous cherchez ?

» — Le plus sage des Grecs, repartit Télémaque ;

» Le monde entier connaît Ulysse, roi d'Ithaque,

» L'un des rois, qui, vengeant leurs dieux, leur nation,

» Ont enfin renversé la superbe Ilion.

» Aux camps on admira ses exploits, sa vaillance,

» Plus encore aux conseils sa force et sa prudence.

» Maintenant, poursuivi de revers en revers,

» En butte à mille écueils, il erre sur les mers :

» Sans cesse devant lui semble fuir sa patrie.

» Télémaque son fils, une épouse chérie

» Dès long-temps attendaient l'instant de le revoir ;

» Ne nous reste-t-il plus qu'un cruel désespoir?...

» En quels lieux serait-il?.. je cours, pour le connaître,

» Mêmes dangers que lui... Mais que dis-je?.. peut-être,

» Au moment où je parle, il est au fond des flots!...

» Grands dieux! auriez-vous mis le comble à tant de maux?..

» Ah! dans votre pitié voyez notre détresse !

» De grâce, savez-vous, ô puissante déesse,

» Tout ce que les destins pour Ulysse ont permis ?

» Daignez, je vous conjure, en instruire son fils ! »

La déesse à ces mots, étonnée, attendrie

De voir tant de sagesse au printemps de la vie,

Le regarde, et ne peut rassasier ses yeux ;

En lui tout lui paraît inspiré par les dieux :

Quelle mâle vertu ! quelle vive éloquence !

« Jeune héros, dit-elle, en rompant le silence,

» Que vous m'intéressez ! que je plains vos douleurs !

» J'ai connu votre père, et j'ai su ses malheurs :

» Ulysse est, pour toujours, gravé dans ma mémoire !..

» Mais il serait trop long d'en raconter l'histoire :
» Venez dans ma demeure, et goûtez le repos
» Dont vous avez besoin après tant de travaux.
» Vous me consolerez dans cette solitude;
» Faire votre bonheur sera ma seule étude :
» Comme mon propre fils désirant vous traiter,
» Je veux vous rendre heureux, sachez le mériter. »

Elle dit. La déesse est soudain entourée
D'une brillante cour, dont elle est adorée :
Chaque nymphe la suit d'un œil respectueux ;
Elle élève au-dessus son front majestueux :
Tel, aux champs de Dodone, un prophétique chêne,
Se portant vers les cieux, domine sur la plaine ;
Télémaque, auprès d'elle, admirait sa beauté,
Et le feu de ses yeux, et leur vivacité,
Que semblait tempérer une douceur touchante,
La pourpre qui brillait sur sa robe flottante,
Ses superbes cheveux noués négligemment...
Mentor, les yeux baissés, les suivait lentement ;
En marchant, il gardait un modeste silence.

On arrive à la grotte. Avec une apparence
De la simplicité du monde en son berceau,

On y voit ce que l'œil peut trouver de plus beau ;
Télémaque est surpris !... Ce ne sont ni colonnes,
Ni marbres, ni tableaux, ni festons, ni couronnes ;
Il semble qu'en ces lieux on ne sait pas encor
Ce que l'art peut tirer de l'argent ou de l'or.
Dans les flancs d'un rocher cette grotte est taillée ;
Des trésors de la mer sa voûte est émaillée ;
Coquillages brillans et rocailles d'Iris 4
Y répandent l'éclat de l'écharpe d'Iris.
En tapis verdoyant la vigne jeune et tendre
Se plie et se replie et se plaît à s'étendre.
Le zéphir entretient, dans ce charmant séjour,
La fraîcheur du printemps, malgré les feux du jour.
Au sein des prés fleuris, avec un doux murmure,
Des fontaines roulant une onde toujours pure,
Sur un sable doré forment en divers lieux,
En bassins de cristal, des bains délicieux.
D'un gazon diapré toujours environnée,
D'amarante, de lis, cette grotte est ornée.

Là croît un vaste bois d'arbres aux pommes d'or,
Arbres touffus, chargés d'un éternel trésor ;
De saison en saison leur fleur naissant plus belle
Répand de ses parfums l'odeur toujours nouvelle :

Couronnant la prairie, ils donnent à l'entour
Une ombre impénétrable aux traits du Dieu du jour.
Les fougueux aquilons, respectant ces rivages,
Vont apporter au loin la foudre et les orages.
On n'entendit jamais que le chant des oiseaux,
Le murmure des vents, et le bruit des ruisseaux,
Qui, se précipitant du haut d'une montagne,
Roulent à gros bouillons à travers la campagne;
De détours en détours multipliant leurs jeux,
Ils semblent à regret s'échapper de ces lieux.

Cette grotte, au penchant d'une douce colline,
Offre à tous les aspects sa structure divine;
De là tranquillement assis sur le gazon,
Au lointain l'on découvre un immense horizon.
On voit tantôt la mer, claire, unie et tranquille,
D'un cristal transparent environner cette île,
Et sa vague, tantôt, s'élevant comme un mont,
Follement irrité, avance, roule et fond
Sur les rocs escarpés où se brise l'orage,
Où l'abîme en grondant sent expirer sa rage...
On frissonne... on frémit... Mais, d'un autre côté,
Une belle rivière offre à l'œil enchanté
Les groupes variés de cent îles charmantes.

2

Là des tilleuls fleuris les têtes odorantes ;
Là de hauts peupliers, en superbes rideaux ,
Portent jusques aux cieux leurs fronts pyramidaux.
Des collines , des monts d'une teinte bleuâtre
Font dans l'enfoncement un vaste amphithéâtre ,
Qui plaît, quoique bizarre en ses tableaux divers.
Sur les côteaux voisins des pampres toujours verts
Couvrent de leurs festons un immense treillage ;
La pourpre du raisin triomphe du feuillage :
Sous le poids de son fruit on voit le cep plier.
Dans les champs la Nature aime à multiplier
Les arbres réunis de tous les points du monde ,
Et fait un grand jardin de cette île féconde.

Tant de beautés charmaient les regards du héros.
La déesse lui dit : « Prenez quelque repos,
» Vos habits ont souffert d'un funeste naufrage ;
» Avec ce bon vieillard traversez ce bocage,
» A la grotte voisine allez, il en est temps,
» J'ai fait tout préparer : Prince, je vous attends,
» Pour vous entretenir d'une touchante histoire ;
» Vous en serez ému , mon cœur aime à le croire. »

Dans la grotte aussitôt elle les introduit.

Ses nymphes, par son ordre, au plus secret réduit,
Avaient fait un grand feu du bois d'un cèdre antique,
Dont s'exhalait partout l'odeur aromatique ;
Elles avaient laissé, pour ces hôtes nouveaux,
Des habits, de leurs mains magnifiques travaux....
Erreur bien pardonnable à sa grande jeunesse !
Télémaque admirait leur beauté, leur finesse :
Tunique de beau lin, robe de pourpre et d'or !...

« Répondez ! est-ce là, lui dit le vieux Mentor,
» Ce qui doit occuper le fils du grand Ulysse ?
» Faut-il jusqu'à ce point que son cœur s'avilisse ?...
» Songez plutôt, songez à vaincre le courroux
» Du sort qui vous poursuit et s'acharne après vous !
» Songez à soutenir le nom de votre père !...
» Un jeune efféminé, que l'on voit se complaire
» Aux frivoles atours dont il veut se parer,
» Est toujours à la gloire indigne d'aspirer !
» La gloire est pour celui qui, supportant la peine,
» Saura des vains plaisirs fuir la honteuse chaîne ! »

Télémaque soupire : « Ah ! mille fois périr,
» Oui, dit-il, mille fois, avant d'oser souffrir
» Que de mon cœur s'empare une indigne mollesse !

» Le fils du grand Ulysse aurait-il la faiblesse
» De laisser dans son âme entrer la volupté?
» Ne le soupçonnez pas de tant de lâcheté!...
» Mais à quelle faveur devons-nous l'avantage
» De trouver en ces lieux, après notre naufrage,
» L'aimable déité, qui nous comble de bien?

» —Craignez, reprit Mentor, craignez, je vous préviens,
» Qu'un déluge de maux sur vous ici ne fonde!
» La fureur des Autans, et le courroux de l'onde
» Sont moins à redouter que ses feintes douceurs!
» Le naufrage, la mort, dans toutes leurs rigueurs
» Sont moins pernicieux que la triste influence
» Des plaisirs, qui toujours attaquent l'innocence!
» Sur la plupart des faits qu'elle vous confiera
» Gardez-vous de rien croire à ce qu'elle dira.
» La jeunesse est, hélas! vaine et présomptueuse,
» Suivant aveuglément sa fougue impétueuse,
» Sur elle, sur sa force elle compte partout;
» Quoique faible et fragile elle croit pouvoir tout;
» Légère, confiante, incapable de feindre,
» Autour d'elle jamais ne voyant rien à craindre!
» Fermez, fermez l'oreille à ses discours flatteurs,
» Qui, comme des serpens, glisseront sous des fleurs;

» C'est un venin caché ! gardez-vous de vous-même ,

» Attendez les avis du vieillard qui vous aime. »

Ils retournent ensuite auprès de Calypso.

Deux nymphes cependant, Panopée et Spio ,

S'avancent, au milieu du plus brillant cortége ;

Leurs habits effaçaient la blancheur de la neige.

Repas simple et frugal est soudain apprêté,

Mais exquis pour le goût et pour la propreté :

Oiseaux , qu'en leurs filets elles savent surprendre ,

Se trouvent réunis au gibier fin et tendre ,

Sur qui leurs belles mains, dans les champs, dans les bois,

Aux fêtes de Diane, épuisent leurs carquois.

En symétrie on voit, dans de riches corbeilles ,

Des fruits délicieux étaler les merveilles ,

Que le printemps promet, que l'automne répand.

Un nectar empourpré, des grands vases d'argent,

Coule en des tasses d'or de fleurs environnées.

Quatre nymphes bientôt , de pampre couronnées ,

Réveillent par leurs chants les échos d'alentour.

Elles chantent le ciel, la terre tour à tour ,

Le siècle de Rhéa , les biens du premier âge ;

Passent rapidement à l'impuissante rage

Des enfans de la terre escaladant les cieux ,

A la chute des monts, au triomphe des Dieux.

Elles chantent Bacchus, son gouverneur Silène ,

Sémèle, Jupiter et l'heureux Hyppomène ,

Qui vainquit Atalante avec des pommes d'or ,

La guerre d'Ilion, Achille, Ajax, Nestor ,

Ulysse, ses exploits, sa vertu consommée ;

Leurs voix jusques aux cieux portent sa renommée.

A ce nom, Télémaque est navré de douleur.

Ulysse a retenti jusqu'au fond de son cœur !

Soudain de ses beaux yeux on voit couler des larmes,

Qui, tombant sur sa joue, ajoutent à ses charmes.

Calypso l'aperçoit, fait un signe ; à l'instant

Sur de nouveaux accords d'abord on les entend

Chanter le fier Lapithe et le cruel Centaure ,

Un prince ⁵ ranimé par le dieu d'Epidaure,

Et le divin Orphée, allant aux sombres bords

Arracher Eurydice à l'empire des morts :

Chloris y mariait les doux sons de sa lyre.

A l'écart cependant Calypso se retire ;

Télémaque la suit : « Digne fils d'un grand roi !

» Vous voyez les honneurs que l'on vous rend chez moi ,

» De ce charmant séjour je suis reine, dit-elle ;

» J'ai pour mère Thétis, et je suis immortelle.

» Celui qu'un fol orgueil dans mon île a porté,

» Est sur-le-champ puni de sa témérité :

» Si je ne vous aimais, votre naufrage même

» Ne pourrait vous soustraire à ma vengeance extrême !

» Ulysse, ainsi que vous, jouit de ce bonheur;

» Mais hélas ! il fut sourd à la voix de l'honneur !

» Long-temps je l'ai gardé dans cette solitude ;

» Aurais-je dû m'attendre à son ingratitude ?

» Il n'a tenu qu'à lui d'y rester immortel,

» Avec moi partageant un empire éternel ;

» Mais il voulait revoir sa misérable Ithaque !

» Ce désir l'aveuglait !... Vous voyez, Télémaque,

» Tout ce qu'il a laissé, tout ce qu'il a perdu ,

» Pour un pays fatal, qu'il n'a jamais revu !

» Il voulut me quitter, il partit; la tempête,

» Tout près de ces rochers, me vengea sur sa tête !

» Devenu le jouet des Autans furieux,

» Son vaisseau dans les flots se perdit à mes yeux !

» Il n'est plus !... profitez d'un exemple funeste ;

» Après sa triste fin voyez ce qui vous reste...

» Héros infortuné ! pouvez-vous concevoir

» La possibilité de jamais le revoir ?

» De remonter jamais au trône de vos pères ?...

» Jouissez avec nous de destins plus prospères !

» Laissez-vous consoler ! une divinité

» Veut faire en ces beaux lieux votre félicité.

» Dans le vif intérêt que votre sort m'inspire,

» En vous offrant ma main, je vous offre un empire! »

Alors contre un ingrat quels reproches nombreux !

Et, pour lui démontrer combien il fut heureux,

Quels tableaux séduisans ! quelles vives peintures !

Quel art à lui conter toutes ses aventures !

Elle n'oublia rien : elle lui rappela

La fille du Soleil, et Carybde et Scylla,

Polyphème, Antiphate, et le dernier naufrage,

Qui l'engloutit, dit-elle, à l'aspect du rivage :

Surtout, elle voulait qu'il crût à son trépas ;

Il était à Schérie [6], elle n'en parlait pas.

L'accueil avait d'abord charmé le fils d'Ulysse ;

De Calypso bientôt il voit tout l'artifice :

Un instant a suffi pour dessiler ses yeux.

Prévoyant quel danger le menace en ces lieux,

Des avis de Mentor il conçoit la sagesse.

Enfin, en peu de mots, il répond : « O déesse !

» Pardonnez, je vous prie, excusez ma douleur !

» Je me sens accablé du poids de mon malheur !...

» Un jour, peut-être, un jour, si les cieux le permettent,

» Tout ce que vos bontés aujourd'hui me promettent,

» Je pourrai le goûter... dans l'état où je suis,

» M'affliger et me plaindre est tout ce que je puis !...

» Mon père!... cher objet d'éternelles alarmes!...

» Vous savez mieux que moi s'il mérite des larmes!..»

Rappelant toutefois le discours de Mentor,

Sur les destins d'Ulysse il espérait encor.

La déesse, n'osant le presser davantage,

Dans sa douleur, d'abord, feint d'entrer en partage,

Se reproche les maux qu'elle lui fait souffrir,

Et sur le sort d'Ulysse est prête à s'attendrir ;

Mais, pour connaître mieux, dans l'ardeur qui l'enflamme,

Les moyens d'émouvoir et de toucher son âme :

« Racontez-moi, dit-elle, ô prince aimé des cieux,

» Par quels événemens vous êtes en ces lieux ;

» Donnez-moi les détails de ce triste voyage,

» Depuis votre départ jusqu'à votre naufrage.

» — L'astre du jour, dit-il, rentrerait dans les flots,

» Je n'aurais pas fini le récit de mes maux !

» Daignez me dispenser d'une pénible histoire,

» Je voudrais pour toujours en perdre la mémoire !

» — Non, non, dit la déesse, à mon ardent désir

» Pouvez-vous, aujourd'hui, refuser d'obéir ?

» Parlez, cher Télémaque ! » Elle insiste, elle presse.

« Vous l'ordonnez, dit-il, ô puissante déesse !

» Je me rends à vos vœux. » Il commence en ces mots :

» J'étais, sortant d'Ithaque, allé près des héros,

» Revenus d'une longue et trop funeste guerre,

» Moi-même m'informer des destins de mon père.

» Mon départ étonna de perfides amans

» De ma mère éplorée ambitieux tyrans.

» Connaissant leurs desseins, et craignant leur poursuite,

» J'avais caché le jour et le lieu de ma fuite.

» Arrivant à Pylos, j'y rencontrai Nestor,

» Ce Vieillard valeureux, plus éloquent encor ;

» Ménélas m'accueillit d'une amitié sincère,

» Mais ils ne savaient rien sur le sort de mon père.

» Lassé de vains efforts répétés si long-temps,

» Lassé de toujours vivre incertain, en suspens,

» Je résolus, enfin, d'aller dans la Sicile :

» Ulysse était, dit-on, parvenu dans cette île ;

» Mais ce Vieillard, qu'ici vous voyez près de nous,

» Mentor, en m'arrêtant, me dit : « Où courez-vous ?

» Cher Télémaque, hélas ! que prétendez-vous faire ?

» Peut-on jamais former dessein plus téméraire ?

» Pouvez-vous donc oser, sans être épouvanté,

» Des Cyclopes affreux braver la cruauté,

» Affronter ces géants peuples d'antropophages ?

» Ah ! Prince, redoutez ces sinistres parages !

» Énée y descendit ; la flotte des Troyens

» Remplit en ce moment les ports siciliens !

» Qu'avec plaisir, surtout du fils du grand Ulysse

» Ils feraient aux autels un cruel sacrifice !...

» Non : regagnez Ithaque en sortant de ces lieux ;

» Peut-être votre père, aimé toujours des dieux,

» Au même instant que vous sera dans sa patrie !

» Que s'il ne peut revoir cette terre chérie,

» Si le ciel le défend, respectez-en les lois !

» Délivrez Pénélope, et, réclamant vos droits,

» Sur le trône placez la vertu, la sagesse ;

» Faites-vous admirer des peuples de la Grèce,

» Et d'Ulysse à leurs yeux montrez le digne fils ! »

« Salutaires conseils ! les eussé-je suivis !...

» J'étais trop imprudent pour vouloir les entendre !

» L'aveugle passion me fit tout entreprendre.

» Malgré tous les écarts de ma témérité,

» Mentor, m'aimant toujours, ne m'a jamais quitté;

» Les Dieux ne permettaient ce désastreux voyage

» Que pour me corriger et régler mon courage. »

Calypso cependant fixait toujours Mentor :

Son air grand, et son front plus vénérable encor,

Ses yeux remplis de feu, son silence modeste,

Avaient je ne sais quoi de divin, de céleste!

Les soupçons inquiets croissaient de plus en plus;

Ne pouvant démêler ses sentimens confus,

La déesse souffrait d'une cruelle étreinte!

Enfin, appréhendant de trahir sa contrainte:

« Continuez, dit–elle, un si touchant récit,

» Satisfaites mon cœur! » Télémaque reprit :

« Le signal est donné, nous quittons ces rivages,

» Et le Péloponèse a fui dans les nuages :

» Long-temps nous jouissons du calme le plus beau,

» Le souffle du zéphir pousse notre vaisseau.

» Tout à coup la tempête avance et fond sur l'onde;

» La Nature frémit; sous nous l'abîme gronde,

» Sur nous la foudre éclate, et d'un ciel ténébreux

» Mille horribles éclairs sont les astres affreux !

» Nous voyons, à travers leur lueur effrayante,

» Des vaisseaux assaillis de la même tourmente;

» C'est la flotte d'Énée! une sombre terreur

» Me pénètre à l'instant d'une accablante horreur!

» Je comprends, mais trop tard, immortelle déesse,

» Les imprudens transports de ma folle jeunesse!

» Mais Mentor, toujours ferme au milieu du danger,

» M'approche en souriant, et vient m'encourager;

» Il inspire à mon âme une force invincible.

» Le pilote est troublé! Du vieillard impassible

» Partout sur le vaisseau les ordres sont suivis.

« Ai-je pu, cher Mentor, mépriser vos avis,

» Lui dis-je, et ne vouloir écouter que moi-même?

» Tout ici me confond! oui, ma honte est extrême!

» D'une affreuse lueur je me vois éclairé!...

» Misérable jeunesse! âge inconsidéré !

» D'un *avenir* douteux fatale imprévoyance!

» D'un *passé* toujours sûr triste inexpérience !

» O dangereux attraits d'un *présent* séducteur!...

» Si des dieux bienfaisans le secours protecteur

» A ce moment cruel me permet de survivre,

» C'est vous seul désormais, vous seul que je veux suivre,

» Et, me fuyant moi-même, à vous seul m'attacher.»

» — Je ne viens point, dit-il, pour rien vous reprocher;

» Il suffit que la faute ait été reconnue :

» La leçon du malheur, sentie et retenue,

» De vos bouillans désirs modérera les feux.

» Ils renaîtront peut-être encore plus fougueux,

» Alors que vous serez à l'abri de l'orage !

» Mais il faut maintenant montrer tout son courage.

» Le danger s'offre-t-il, il faut le redouter,

» Prévoir tout avec soin avant de s'y jeter,

» Le braver quand on est au fond du précipice !

» Soyez ici, soyez le digne fils d'Ulysse !

» Les maux sont grands, montrez un cœur plus grand encor ! »

« O combien me charma la douceur de Mentor !

» J'admirais en secret sa sublime sagesse !

» Mais, que je fus surpris, lorsque je vis l'adresse ,

» Qu'il mit à nous sauver des vaisseaux d'Ilion !

» Les nuages fuyant découvraient l'horizon ,

» Le soleil sur les flots commençait à paraître :

» Les Troyens près de nous pouvaient nous reconnaître.

» Remarquant un vaisseau tout couronné de fleurs ,

» Presque semblable au nôtre, il choisit les couleurs ;

» Chaque fleur sous ses doigts se place d'elle-même !

» Il paraît animé d'une force suprême!

» Avec pareils rubans, à la poupe soudain

» Il court en un clin d'œil les ranger de sa main.

» Trahis par le costume, on pouvait nous surprendre,

» Les rameurs sur les bancs ont ordre de s'étendre;

» Nous traversons la flotte, et sans être connus !

» Pensant revoir les leurs qu'ils avaient cru perdus,

» Les Troyens jusqu'au ciel portent leur allégresse.

» Nous frémissons pourtant du péril qui nous presse !

» Malgré tous nos efforts, les flots impétueux

» Nous forcent quelque temps de voguer avec eux :

» Nous tâchons toutefois de rester en arrière,

» Laissant entre eux et nous une immense carrière...

» Les vents les dirigeaient sur les bords lybiens,

» Et nous pour aborder aux champs siciliens,

» Avec tous nos rameurs redoublant de courage,

» Enfin nous descendons sur le prochain rivage.

» O bizarre destin !... Las ! ce que nous cherchions

» N'était pas moins cruel que ce que nous fuyions.

» Des Troyens occupaient cette côte funeste,

» Et là, depuis long-temps, régnait le vieux Aceste 7.

» Sa mère vit le jour sous les murs d'Ilion,

» Et lui fit jurer haine à notre nation !

» A peine nous touchons les bords de la Sicile,

» On nous prend aussitôt pour des peuples de l'île,

» Des peuples ennemis, pour les surprendre armés.

» Dans les premiers transports dont ils sont animés,

» Ils livrent le navire aux flammes dévorantes,

» Et, sur nos compagnons portant leurs mains sanglantes,

» Ils les égorgent tous, gardent Mentor et moi.

» On nous charge de fers, on nous conduit au roi :

» Si, pour quelques instans, on nous laisse la vie,

» C'est pour savoir de nous quelle est notre patrie.

» Aceste sur son trône, un sceptre d'or en main,

» Remplissait les devoirs d'un sage souverain ;

» Aux peuples assemblés il rendait la justice,

» Et tout se préparait pour un grand sacrifice.

« Quel est votre pays, dit-il ? Au nom des dieux,

» Parlez! dans quel dessein venez-vous en ces lieux?

» —Prince, non loin d'ici se voit notre patrie,

» Et nous venons des bords de la grande Hespérie, »

» Dit sur-le-champ Mentor, qui voulait éviter

» De lui nommer des Grecs, de peur de l'irriter.

» Sans lui permettre, hélas ! de parler d'avantage,

» Aceste nous condamne au dernier esclavage,

» Ordonnant qu'on nous mène aux plus prochains hameaux,

» Servir sous les pasteurs qui gardent ses troupeaux.

» La mort même, la mort m'eût été moins terrible

» Qu'une condition qui me parut horrible !

» Hors de moi, révolté d'un honteux traitement,

» Je m'écrie aussitôt dans mon emportement :

» Ah ! plutôt ordonnez qu'on nous mène au supplice !

» Prince, nous sommes Grecs, je suis le fils d'Ulysse !...

» Je cours de mers en mers pour chercher ce grand roi ;

» Si je ne puis le voir, s'il est perdu pour moi,

» S'il ne m'est plus permis d'entrer dans ma patrie,

» Si l'esclavage enfin !... arrachez-moi la vie,

» Télémaque aujourd'hui ne peut la supporter !...

» Par un peuple en fureur on entend répéter :

» Répandons, répandons le sang du fils d'Ulysse ;

» Du monstre détesté, dont l'affreux artifice

» Des enfans d'Ilion a creusé les tombeaux !

» — Oui, repartit le roi, de tant de grands héros

» Qu'il a précipités sur les rivages sombres,

» Fils d'Ulysse, ton sang doit apaiser les ombres !

» Qu'ils périssent tous deux, dit-on de toute part ; »

» Et du fond de la foule on entend un vieillard :

« Que ne feraient-ils point, les cruels ! contre Troie,

3

» Si le peu qu'il en reste était encor leur proie?...

» Sur le tombeau d'Anchise il faut les immoler !

» Ces victimes enfin pourront le consoler

» Des malheurs qu'éprouva sa race infortunée !

» Prince, ce sacrifice au vertueux Énée

» Montrera votre amour pour tout ce qu'il chérit! »

» A ces barbares mots tout un peuple applaudit,

» Et l'on ne pense plus qu'au terrible hécatombe ;

» On nous traîne bientôt vers la fatale tombe.

» Sur deux autels dressés le feu sacré brûlait ;

» A nos regards déjà le glaive étincelait ;

» Nous étions couronnés de fleurs et de verveine ;

» Nulle pitié ne vint soulager notre peine !

» C'en était fait de nous!.. Quand toujours sans effroi,

» Mentor tranquillement se tourne vers le roi :

« Du jeune Télémaque, hélas! quel est le crime ?..

» Prince, dit-il, le ciel refuse la victime !

» Si l'aveugle vengeance a fermé votre cœur ;

» Ah ! si vous n'êtes point sensible à son malheur,

» Qu'au moins votre intérêt vous arrête et vous touche!

» Les dieux mêmes, les dieux aujourd'hui par ma bouche

» Daignent vous annoncer, le temps en est marqué,

» Prince, qu'avant trois jours vous serez attaqué!

» Des peuples belliqueux descendant des montagnes

» Viendront comme un torrent inonder vos campagnes,

» Songez à prévenir leurs sinistres projets;

» Aux armes à l'instant appelez vos sujets,

» Et soudain dans vos murs, hâtez-vous, le temps presse,

» De vos fertiles champs enfermez la richesse:

» Que si la vérité ne règne en mes discours,

» Vengez-vous, j'y consens, vengez-vous dans trois jours! »

» Au livre des destins, Mentor lisait d'avance!

» Le roi fut étonné de sa noble assurance;

» Mortel jamais si grand ne parut à ses yeux!

« Etranger, lui dit-il, je vois que si les dieux

» Vous ont mal partagé pour les biens de ce monde,

» Vous en avez reçu la sagesse profonde,

» Qui vous joint de si près à la Divinité,

» Trésor bien préférable à la prospérité! »

» Tout change au même instant, tout nous devient propice:

» Le roi rompt nos liens, suspend le sacrifice:

» Pour prévenir les maux que Mentor a prédits,

» Il ordonne qu'en tout ses conseils soient suivis.

» On voit de toutes parts des mères chancelantes,

» Des vieillards accablés, et des filles tremblantes,

» Des enfans éperdus, qui, les larmes aux yeux,

» En entrant dans la ville implorent tous les dieux.

» Les bœufs en mugissant quittent leurs pâturages ;

» Les timides brebis, leurs montagnes sauvages.

» Ce n'est de tout côté que bruit, que cris confus,

» D'hommes au désespoir ensemble confondus ;

» Les chemins sont partout arrosés de leurs larmes ;

» Le tumulte, la presse augmentent leurs alarmes !..

» D'un vulgaire ignorant méprisant la terreur,

» Les grands prenaient Mentor pour un lâche imposteur

» Qui, pour se ménager quelques instans de vie,

» N'avait imaginé qu'une supercherie.

» Pour la troisième fois, s'élançant vers les cieux,

» L'astre du jour montrait son disque radieux ;

» Soudain vers l'horizon une épaisse poussière

» A flots pressés s'élève, obscurcit la lumière.

» Bientôt on aperçoit les nombreux bataillons

» De barbares armés qui franchissent les monts :

» Là les Hymériens, là les hordes cruelles

» Foulant de l'Acragas les glaces éternelles ;

» Des Nébrodes plus loin les habitans divers,

» Peuples toujours nourris au milieu des hivers.

» Tous ceux qui de Mentor méprisaient le présage,

» Victimes à l'instant du plus affreux ravage,

» Perdirent tout, moissons, esclaves et troupeaux.

» Le roi court vers Mentor, et lui parle en ces mots :

« Oublions tous les torts de la Grèce et de Troie !

» Le ciel pour nous sauver en ces lieux vous envoie ;

» Ajoutez aux bienfaits que vous venez d'offrir,

» Achevez votre ouvrage, allez nous secourir!

» Allez, et guidez-nous au milieu des alarmes,

» Recevez de ma main et ce casque et ces armes! »

» L'audace de Mentor, et ses yeux éclatans !

» Etonnent aussitôt les plus fiers combattans !

» Hardiment à leur tête il fait briller sa lance,

» Et vers les ennemis en bon ordre s'avance.

» Aceste sur ses pas, dans sa noble valeur,

» Regrette loin de lui son antique chaleur;

» Moi-même je ne puis suivre son vol rapide ;

» Sa cuirasse ressemble à l'immortelle égide ;

» Rien n'égale sa force et son bouillant courroux :

» La mort de rang en rang court partout sous ses coups!

» Tel un lion terrible, aux champs de Numidie,

» Dévoré par la faim, s'élance avec furie

» Sur de faibles brebis, de timides agneaux ;

» Les bergers effrayés délaissent leurs troupeaux :

» Portant de toute part la rage qui l'inspire,

» Il nage dans le sang, il égorge, il déchire.

» Les barbares alors surpris, déconcertés,

» N'écoutant plus leurs chefs, cèdent de tous côtés.

» Animés par Mentor , les bataillons d'Aceste

» Se croyaient dirigés par une main céleste :

» Son exemple, sa voix, ses yeux à chaque pas

» Leur donnaient une ardeur qu'ils ne connaissaient pas.

» Du fils même d'un roi triompha mon courage.

» Nous étions tous les deux à la fleur de notre âge ;

» Mais il était plus grand, plus fort, plus vigoureux :

» Ce prince descendait des Cyclopes affreux.

» Il méprisait en moi ma taille et ma faiblesse ;

» Son regard fier m'outrage, et son dédain me blesse :

» Sans m'étonner d'un air orgueilleux et brutal ,

» Sans craindre l'ascendant d'un superbe rival ,

» Transporté de courroux , contre lui je m'élance ;

» D'un bras sûr dans le cœur je lui plonge ma lance.

» Le colosse chancèle , il tombe : en expirant,

» D'un sang noir sur la terre il vomit un torrent.

» Sous le poids de son corps ses armes retentissent,

» De ses derniers soupirs les montagnes mugissent :

» J'enlève mon trophée, et reviens vers le roi.

» Mais Mentor, répandant et la mort et l'effroi,

» Poursuit de toute part ces hordes sanguinaires,

» Et les force à rentrer au fond de leurs repaires.

» Ce triomphe rapide autant qu'inespéré

» Fit regarder Mentor comme un homme inspiré,

» Un homme aimé des dieux, armé de leur puissance.

» Aceste, plein d'amour et de reconnaissance,

» Ouvrit son palais même à son libérateur :

» Nous reçûmes partout l'accueil le plus flatteur.

» Mais, tremblant de nous voir plus long-temps en Sicile,

» Si les vaisseaux troyens revenaient dans cette île,

» Il fit bientôt après équiper un des siens,

» Pour nous rendre au plus vite aux bords ithaciens,

» Nous combla de présens, hâta notre voyage.

« Braves Grecs, nous dit-il, envers vous tout m'engage!

» Quel que soit cependant le bien que je vous dois,

» Vous n'échapperiez pas aux maux que je prévois :

» Partez Mentor, sauvez le jeune Télémaque! »

» De peur que ses sujets sur les côtes d'Ithaque

» Ne fussent exposés à de trop grands dangers,

» Il préféra nous mettre avec des étrangers ,

» Marchands phéniciens, pour qui toujours sur l'onde

» Un immense commerce ouvre les ports du monde;

» Ils devaient ramener le navire en ces lieux.

» On nous fit jusqu'au port les plus tendres adieux !

» Les vents nous annonçaient une mer sans naufrage ,

» Le vaisseau détaché s'élance du rivage ;

» Mais le ciel, qui se rit des projets des mortels ,

» Nous réservait encore à des maux plus cruels ! »

FIN DU CHANT PREMIER.

NOTES

CHANT PREMIER.

———

(1) Ulysse, fils de Laërte et d'Anticlée, était roi d'Ithaque. Il épousa Pénélope, fille d'Icare; de leur union naquit Télémaque, le héros de ce poëme. Revenant du siége de Troye, Ulysse erra dix ans sur les mers avant de revoir sa patrie, et ce fut dans ce voyage qu'une tempête le jeta contre les rochers de l'île d'Ogygie, où la déesse Calypso, fille d'Atlas et de Thétis, le retint sept ans, dans les vues de l'épouser. Un ordre supérieur l'ayant forcée à le renvoyer, elle ne pouvait se consoler d'un départ qu'elle attribuait à la jalousie des autres Dieux. L'île d'Ogygie, aujourd'hui Gozo, est un peu au-dessus de Malte, entre l'Afrique et le promontoire de Sicile appelé Pachine. (*Télémaque, édit. de Lausane*, 1762).

(2) *Nef*, expression poétique pour *vaisseau*.

(3) Mentor était un des amis d'Homère, qui, pour éterniser son nom, l'a placé dans l'Odyssée, par reconnaissance du bon accueil qu'il en reçut à Ithaque à son retour d'Espagne. Ce poëte en fait un des plus fidèles amis d'Ulysse, et celui à qui, en s'embarquant pour Troie, ce prince avait confié le soin de sa maison. Fénélon continue la même fiction, et dit, pour donner plus de poids à ses préceptes, que Mentor était la Sagesse ou Minerve elle-même cachée sous les traits de ce vieillard; elle ne se laisse reconnaître au

jeune héros que sur la fin du poëme. C'est avec le langage
des dieux que l'on doit instruire ceux qui sont destinés à
commander au reste des hommes, et *l'Iliade*, *l'Odyssée*,
l'Énéide, la *Jérusalem délivrée*, la *Henriade*, etc... pour-
raient être appelés *les livres classiques des rois.*

(4) *Iris*, pierre précieuse.

(5) Hippolyte, fils de Thésée.

(6) Corfou, autrefois île des Phéaciens.

(7) Aceste était fils de Crinise et d'Égeste, dame troyenne;
il reçut chez lui Anchise et Énée. (Virg. Æn. v.)

FIN DES NOTES DU CHANT PREMIER.

SOMMAIRE DU CHANT SECOND.

TÉLÉMAQUE raconte qu'il fut pris dans le vaisseau tyrien par la flotte de Sésostris, et emmené en Égypte. Il peint la beauté de ce pays, et la sagesse du gouvernement de son roi. Il ajoute que Mentor fut envoyé esclave en Éthiopie, et lui-même réduit à conduire un troupeau dans le désert d'Oasis; que Termosiris, prêtre d'Apollon, le consola en lui apprenant à imiter ce dieu, qui avait été autrefois berger chez le roi Admète; que Sésostris avait enfin reconnu son innocence, et lui avait permis de retourner à Ithaque; mais que la mort de ce prince l'avait plongé dans de nouveaux malheurs; qu'on le mit en prison dans une tour sur le bord de la mer, d'où il vit le nouveau roi Bocchoris périr dans un combat contre ses sujets révoltés et secourus par les Tyriens.

CHANT SECOND.

—————

« Les Tyriens alors, par leur folle arrogance,
» S'étaient de Sésostris [1] attiré la vengeance;
» Sésostris, ce héros qu'au rang des plus grands rois
» Ont porté ses vertus autant que ses exploits.
» Mercure [2] dans leurs murs enchaînant la fortune,
» Une ville invincible, assise sur Neptune,
» Outrant la vaine erreur dont ils étaient imbus,
» Ils avaient refusé de payer les tributs
» Que ce roi, revenant de ses vastes conquêtes,
» S'était senti forcé d'imposer sur leurs têtes;
» Et même à son retour un frère sur son sein [3]
» Ayant osé lever un poignar d'assassin,
» Au milieu d'un banquet répandre les alarmes,
» Ces forbans à ce monstre avaient fourni des armes.
» Sésostris, pour punir ces fiers tyrans des mers,
» Poursuivait leur commerce au bout de l'univers;

» Ses pavillons nombreux, dans les humides plaines,
» Fondaient de toute part sur leurs flottes hautaines.

» Les monts de la Sicile échappaient à nos yeux ;
» La terre nous fuyant se perdait dans les cieux :
» Soudain mille vaisseaux, sur la vague écumante,
» Offrent à nos regards une cité flottante.
» A la poupe aussitôt par les Phéniciens
» Sont reconnus les traits des dieux égyptiens 4
» Que faire en cette triste et funeste occurrence ?
» Déjà pour nous de fuir il n'est plus d'espérance !
» Nos ennemis sont là : tous les vents sont pour eux,
» Leurs mâts mieux secondés, leurs rameurs plus nombreux,
» Aussi prompts que l'éclair, ils abordent, nous prennent ;
» Et, nous chargeant de fers, vers Memphis nous emmènent.
» Sur ma patrie en vain j'osai représenter !
» En vain parla Mentor ! Loin de nous écouter,
» Quoiqu'ils nous eussent vus libres et sans entraves,
» Ils ne nous regardaient que comme des esclaves,
» Dont Tyr a toujours fait un trafic inhumain,
» Et déjà souriaient à leur infâme gain.

» Bientôt nous remarquons les vagues qui blanchissent,
» Aux sept bouches 5 du Nil alors qu'elles s'unissent,

» Et la terre d'Isis presqu'au niveau des flots :
» Près de No, parvenus à l'île de Pharos [6],
» Nous remontons le Nil jusqu'à la capitale.

» De l'esclavage, hélas ! perspective fatale !...
» Nos cœurs de mille objets devaient être charmés ;
» Mais à tous les plaisirs nos sens étaient fermés.
» Que ne nous offrait pas une terre féconde,
» Où par mille canaux on voit circuler l'onde
» A travers les jardins les plus délicieux !
» Les deux rives partout présentaient à nos yeux
» Du bonheur le plus pur les images riantes :
» Là de riches hameaux, des cités opulentes ;
» Là dans les prés fleuris d'innombrables troupeaux ;
» Là des champs où Cérès, ignorant le repos,
» Chaque année entassait l'or brillant de ses gerbes ;
» Des côtaux, des vallons et des plaines superbes ;
» Des laboureurs courbés sous le poids des trésors
» Que la terre en Egypte épanche sans efforts ;
» Et partout des bergers la flûte enchanteresse
» Remplissant les échos de ses chants d'allégresse.

« Heureux, disait Mentor, heureux cent fois heureux,
» Le peuple que gouverne un prince généreux !..

» Au sein de l'abondance on l'aime comme un père ;

» Chacun bénit l'auteur de son destin prospère ;

» Mais plus heureux encor le roi qui fait leur bien,

» Et qui dans sa vertu fait consister le sien!..

» De même, ajoutait-il, de même, Télémaque,

» Si le ciel vous permet de régner en Ithaque,

» Il faut de vos sujets vous y faire adorer,

» Vous y faire chérir autant que révérer,

» Fonder votre bonheur sur la reconnaissance ;

» Qu'ils ne puissent penser aux biens de l'existence,

» Sans voir que ces présens coulent de votre main!..

» Que font ces potentats, fléaux du genre humain,

» Qui, frappant tous les cœurs d'une servile crainte,

» De leur sceptre de fer laissent partout l'empreinte ?

» Ils le veulent, ils sont des tyrans redoutés ;

» Mais ils sont des tyrans haïs et détestés.

» S'ils font trembler au nom que tout un peuple abhorre,

» Ils ont de leurs sujets à craindre plus encore

» Que ces infortunés n'auraient à craindre d'eux. »

» Je réponds, accablé de mon sort désastreux :

« Cher Mentor, je conçois tant de saintes maximes ;

» Mais que font à présent ces préceptes sublimes ?

» Plus d'Ithaque pour nous..! c'en est fait, plus d'espoir !...

» Il ne m'est plus, grands dieux! permis de la revoir!..

» Pour moi plus de patrie! hélas! et plus de mère!..

» Quand même, plein de gloire un jour enfin mon père

» Serait par les destins remis en ses états,

» Ah! pourrai-je jamais le serrer dans mes bras,

» Obéir à ses lois, et de sa bouche entendre

» Dans l'art de gouverner ce qu'il me faut apprendre?..

» Non... non... Mentor, mourons! c'est tout ce que pour nous

» Un destin sans pitié permet en son courroux! »

» Dans l'horreur dont mon âme était alors frappée,

» Par de profonds soupirs ma voix entrecoupée

» Pouvait articuler à peine quelques mots!

» Mais Mentor qui de loin appréhendait les maux,

» Les bravait, se voyant au fond du précipice :

« Quoi donc! s'écria-t-il, fils indigne d'Ulysse!

» Quoi donc! vous vous laissez vaincre par le malheur!

» Vous ne rougissez point d'une ignoble douleur!..

» A mes pressentimens croyez, cher Télémaque,

» Vous verrez Pénélope! oui, vous verrez Ithaque!

» Vous verrez même Ulysse en son premier éclat,

» Ce héros indompté qu'aucun péril n'abat,

» Et qui, dans ses revers bien plus grands que les vôtres,

» Par les siens vous apprend à supporter les autres,

4

» Dans les pays lointains où les flots l'ont jeté,

» S'il savait que son fils n'a jamais imité

» Son courage constant, sa vertu consommée,

» Sa grande âme serait dans la honte abîmée !

» De ceux que lui porta le destin trop jaloux,

» Ce coup serait pour lui le plus cruel de tous ! »

» A mes regards ensuite il offrait l'abondance,

» Que du ciel entretient l'auguste Providence

» Sur vingt mille cités qui couvrent ces états!..

» Surtout il admirait les heureux résultats,

» Les merveilleux effets d'une sainte police ? :

» La douce paix du pauvre au sein de la justice,

» L'enfance accoutumée à la sobriété,

» Aux utiles travaux de la société,

» A l'amour du bon ordre et de l'obéissance,

» A la crainte des dieux, à la reconnaissance

» Pour les biens que sans cesse ils répandent sur eux.

» Un roi, redisait-il, qui rend son peuple heureux,

» En est toujours chéri de l'amour le plus tendre;

» Il voit sur tous les cœurs son empire s'étendre :

» Et loin d'oser jamais attenter à ses jours,

» On voudrait de sa vie éterniser le cours ! »

« Que j'aimais à l'entendre..! Aux discours de ce sage,

» Je sentais dans mon cœur renaître le courage.

» Enfin nous arrivons à la riche Memphis ;

» Mais à Thèbes alors résidait Sésostris ,

» Et ce monarque en tout voulant voir par lui-même ,

» Il fallut, respectant sa volonté suprême ,

» Contre le cours du Nil encore remonter ,

» Et sous son trône auguste aller nous présenter.

» Bientôt nous abordons à la ville aux cent portes,

» D'où pouvaient à la fois sortir mille cohortes.

» Quel aspect imposant s'offre de toutes parts !

» Quelle vaste étendue étonne nos regards !

» Thèbes est comme un monde ! Il n'est point dans la Grèce ,

» Il n'est point de cité qui l'égale en richesse.

» Les lois veillent partout à sa prospérité ,

» Aux bains, aux cours des eaux , à leur salubrité ;

» Le grand but est surtout la sûreté publique.

» Sous les yeux bienfaisans d'un prince magnifique

» Tout prospère en ces lieux et fait de toutes parts

» Fleurir autour de lui le commerce et les arts.

» D'obélisques nombreux les places couronnées

» Sont de bassins charmans , de fontaines ornées:

» Les temples sont de marbre ; à la simplicité

» L'architecture unit toute sa majesté ,

» Et du palais du roi le périmètre immense

» D'une grande cité présente l'apparence.

» C'est là que le génie a pris tout son essor ;

» C'est là surtout qu'on voit meubles d'argent et d'or ;

» En marbre précieux colonnes arrondies,

» Colosses surprenans, pyramides hardies !

» On se présente au roi, qu'on a soin d'avertir

» Que l'on nous a trouvés sur un vaisseau de Tyr.

» Ce prince chaque jour à des heures réglées,

» Admettait ses sujets ; et, dans ces assemblées,

» Comme un père entouré de ses heureux enfans,

» Écoutait leurs avis, vidait leurs différends.

» Pour lui, le plus beau droit qu'il tînt de sa couronne,

» C'était de n'offenser ni rebuter personne.

» Du bonheur de son peuple il composait le sien,

» Ne croyant être roi que pour faire le bien.

» L'étranger ! il aimait à le voir, à l'entendre :

« Avec lui, disait-il, on peut toujours apprendre,

» Pour bien apprécier les usages divers

» Des humains répandus sur ce vaste univers. »

» Ce goût marqué du roi fit que, par préférence

» Nous fûmes les premiers admis en sa présence.

» Sur un trône d'ivoire, un sceptre d'or en main,

» Sésostris me parut un être surhumain.

» Sillonné par les ans son front plus vénérable,

» Doux et majestueux n'avait rien que d'aimable.

» Il jugeait tous les jours avec une équité

» Que célébrait partout la seule vérité.

» Après tant de travaux, après chaque journée

» Au bien de ses sujets tout entière donnée,

» Il consacrait encor ses momens de loisir

» Aux conseils des veillards, qu'il savait bien choisir.

» Du plus grand des héros une vie aussi belle

» Aurait sans doute offert le plus parfait modèle,

» Si pour des rois vaincus moins fier, plus généreux,

» Il eût su respecter ces princes malheureux ;

» S'il se fût méfié d'un perfide, d'un traître,

» D'un monstre, que bientôt je vous ferai connaître.

» Tigre altéré de sang ! infâme Méthophis !

» Dieux ! quelle ombre aux vertus du sage Sésostris!...

» Il fut, dès qu'il me vit, touché de ma jeunesse,

» Je ne le fus pas moins de sa grande sagesse ;

» Lorsqu'il me demanda ma patrie et mon nom :

« Vous connaissez, grand roi, le siége d'Ilion,

» Lui dis-je ; vous savez que, pendant dix années,

» Il occupa des Grecs les forces combinées,

» Qu'avant sa chute, hélas ! le sang de nos héros

» Des fleuves phrygiens long-temps grossit les flots!

» Sur ses murs odieux, enfin mon père, Ulysse,

» Des dieux amis des Grecs satisfait la justice,

» Ils croulent... Mais depuis, errant de mers en mers,

» Par un destin funeste accablé de revers,

» Il cherche vainement les rivages d'Ithaque ,

» Une épouse adorée, et son fils Télémaque?

» Je le cherchais aussi, quand les mêmes malheurs

» M'ont chargé de ces fers!... Prince, entendez mes pleurs

» Rendez-moi , rendez-moi mon père et ma patrie,

» Rendez-moi Pénélope, une mère chérie !...

» Qu'ainsi, puissent les dieux, toujours plus bienfaisans,

» Grand roi, vous conserver long-temps pour vos enfans!

» Ah ! long-temps puissent-ils jouir du sort prospère

» De vivre avec éclat sous un aussi bon père !   »

» Ce discours, ma jeunesse attirèrent sur moi

» Les regards bienveillans et la pitié du roi.

» Toutefois Sésostris, jugeant dans sa prudence

» De ne s'en rapporter qu'à l'extrême évidence,

» Nous mit entre les mains d'un de ses officiers.

» Qu'on informe, dit-il, sur ces deux prisonniers.

» De ceux qui les ont pris qu'on sache leur patrie,

» S'ils sont nés dans la Grèce ou dans la Phénicie....

» Auraient-ils lâchement trahi la vérité ?

» Sur eux faisons peser double sévérité...

» S'il est vrai qu'ils sont Grecs, je veux qu'à l'instant même

» Un vaisseau les ramène en un pays que j'aime;

» Plusieurs Egyptiens y donnèrent des lois :

» D'Hercule je connais les immortels exploits!

» Et d'Achille et d'Ulysse, ici la renommée

» A porté la valeur, la vertu consommée.

» La vertu, reprit-il ! ah ! mon plus grand plaisir,

» Quand elle est malheureuse, est de la secourir ! »

» Hélas ! qu'arriva-t-il?... le sort le plus sinistre

» Nous mit entre les mains d'un infâme ministre !

» Autant fut généreux l'illustre Sésostris,

» Autant fut corrompu l'avare Métophis!

» S'il nous interrogeait, c'était pour nous surprendre

» Dans les piéges nombreux qu'il cherchait à nous tendre;

» Mais, plus sage que moi, Mentor par ses discours

» A sa perfide astuce en imposait toujours,

» Et la haine bientôt suivit la défiance !

» Hélas! j'en fis alors la triste expérience,

» Dans le cœur des méchans un sentiment jaloux

» Contre les bons, sans cesse, enflamme leur courroux !...

» Enfin, on nous sépare; et dès cette journée
» J'ignorai de Mentor la triste destinée.

» De larmes quels torrens coulèrent de mes yeux !
» De combien de soupirs je fatiguai les cieux !
» Vivre loin de Mentor !... faut-il donc s'y résoudre ?...
» La séparation fut comme un coup de foudre ....
» Du barbare, disais-je, ô trop cruel espoir !
» La vérité n'est point ce qu'il cherche à savoir ;
» L'odieux Métophis, dans sa scélératesse,
» Ne voudrait qu'abuser de ma faible jeunesse !
» Que n'employa-t-il pas afin de m'arracher
» Ce que le vieux Mentor aurait pu lui cacher ?
» Ici, pour m'éblouir, promesses séduisantes ;
» Là, pour m'intimider, menaces effrayantes :
» Ce monstre d'avarice et de mauvaise foi
» Ne cherchait qu'un moyen d'insinuer au roi,
» Qu'aussi bien que Mentor, né dans la Phénicie,
» J'avais, par lâcheté, renié ma patrie:
» A l'infâme ministre il tardait de nous voir,
» En esclaves, soumis à son affreux pouvoir ;
» Enfin de Sésostris il trompa la prudence,
» Et nous perdit tous deux malgré notre innocence.

» A quels dangers les rois sont-ils donc exposés !...

» Les plus sages, hélas! sont souvent abusés!...

» Empressés autour d'eux, l'intérêt, l'artifice

» Font fuir de leurs palais la vertu, la justice.

» Les bons ne sont jamais ni hardis ni flatteurs;

» Les méchans sont toujours ardens, persécuteurs;

» La vertu se retire, attend qu'on la rappelle;

» Mais les rois savent peu porter les yeux vers elle!

» Du sein bruyant des cours l'art de dissimuler

» Repousse l'amitié, la force à s'exiler;

» Et le crime, bouffi d'orgueil et d'impudence,

» Fait taire, en ces hauts lieux, l'honneur, la conscience,

» Pour corrompre son prince et flatter ses penchans!...

» O malheureux le roi qu'obsèdent les méchans!

» C'en est fait d'une tête, hélas! qu'on eût chérie,

» S'il eût su loin de lui chasser la flatterie!...

» Ainsi je rappelais, au fond de mon malheur,

» Les avis dont Mentor avait rempli mon cœur.

» Vers les monts d'Oasis, horrible solitude,

» Métophis m'envoya naître à la servitude :

» Dès lors il me fallut, renonçant au repos,

» Sous de barbares serfs conduire ses troupeaux.

» — Qu'était, dit Calypso, devenu ce courage,

» Qui faisait préférer la mort à l'esclavage ;

» Lorsque dans la Sicile Aceste, en son courroux,

» Prononça son arrêt contre Mentor et vous?... »

Mais, en baissant les yeux, le jeune fils d'Ulysse :

« Étais-je libre alors sur le choix du supplice?...

» Il fallut être esclave et d'un sort malheureux

» Souffrir tous à la fois les tourmens rigoureux !

» Entre ces monts lointains, pour moi quelle espérance ?

» Que pouvais-je ? et sur quoi fonder ma délivrance ?...

» Mentor m'a dit depuis, qu'au bout de l'univers s,

» Près des lieux où Phébus se plonge dans les mers,

» A des marchands vendus par un ministre impie,

» Il avait habité la noire Ethiopie.

» Pour moi, je fus conduit dans un désert affreux!...

» Sur des sables brûlans le ciel vomit ses feux ;

» L'œil en vain chercherait, au sein des vastes plaines,

» Les limpides ruisseaux, l'eau pure des fontaines ;

» Les neiges sur les monts ne se fondent jamais,

» Un hiver éternel règne sur leurs sommets :

» A peine les troupeaux, pour toute nourriture,

» Au penchant des rochers broutent quelque verdure :

» Et l'on trouve souvent des bassins si profonds,

» Que jamais le soleil n'y darda ses rayons !

» Que rencontrai-je, ô dieux ! dans ces stériles plages ?...

» Un sauvage climat, des bergers plus sauvages.

» Là, je passais les nuits à pleurer mon malheur,

» Et, les jours, j'évitais la brutale fureur

» D'un esclave cruel, qui, cherchant à paraître

» Servir avec chaleur l'intérêt de son maître,

» Dans l'espoir d'obtenir plus tôt sa liberté,

» Abusant durement de son autorité,

» Nous accablait du poids de toute sa rudesse ;

» Le barbare Butis nous accusait sans cesse.

» Loin de lui je fuyais, en suivant mes troupeaux !

» Je devais succomber à l'excès de mes maux !..

» Un jour, enfin, vaincu par ma douleur amère,

» J'oubliai mes brebis : étendu sur la terre,

» Sans forces, je cédais aux peines de mon sort

» Auprès d'une caverne, où j'attendais la mort !

» Tout à coup je sentis s'ébranler la montagne:

» Les chênes et les pins marchaient vers la campagne;

» Les côteaux s'abaissaient; la terre, en ces momens,

» Tremblait autour de moi jusqu'en ses fondemens ;

» Une divine horreur s'étendait sur les plaines,

» Et les vents dans les cieux retenaient leurs haleines!

» Une voix mugissante, au fond de ces caveaux,

» Soudain se fit entendre, et m'apporta ces mots :

« — Ton père profita de son expérience :

» Deviens, ainsi que lui, grand par ta patience !

» De ses rares vertus ses travaux ennoblis

» L'ont placé dans les rangs des héros accomplis.

» Prince à qui le malheur ne s'est point fait connaître

» N'est, quelque heureux qu'il soit, que peu digne de l'être

» Un vain orgueil l'enivre; au sein des voluptés,

» La mollesse corrompt toutes ses facultés.....

» Que tu seras heureux, vainqueur de tant d'alarmes,

» Si pour toi leur mémoire a toujours quelques charmes !

» Tu reverras Ithaque; oui, digne sang des dieux,

» La gloire portera ton nom jusques aux cieux !

» Un jour, quand tu seras maître des autres hommes,

» Dis souvent dans ton âme : *Ils sont ce que nous sommes!*

» Souviens-toi que, comme eux, tu fus pauvre et souffrant

» Fais de les soulager ton plaisir le plus grand !

» Que leur félicité soit ton unique étude ;

» Fais-toi de les aimer une douce habitude !

» Repousse loin de toi d'infâmes corrupteurs !

» Déteste les méchans, déteste les flatteurs...

» Un roi n'est vraiment grand, qu'autant que, ferme et sag

» A se vaincre soi-même il met tout son courage. »

» Ce sublime discours, pénétrant dans mon cœur,

» Y reporta la joie, et la plus vive ardeur...

» Vous vous représentez cette frayeur subite,

» Dont tout mortel frissonne, et dont tout cœur palpite,

» Au terrible moment où la Divinité

» Daigne communiquer avec l'humanité.

» Je ne l'éprouvai point ; je me levai tranquille :

« Minerve, me disais-je, habite cet asile ;

» C'est elle à qui je dois ces avis précieux ! »

» Je l'adore à genoux, levant les mains aux cieux.

» Que deviens-je à l'instant?... En un autre moi-même

» Je me sens transformé par un pouvoir suprême.

» Quelle noble carrière à mes regards s'ouvrit !...

» La sagesse elle-même éclaira mon esprit :

» J'en ressentis bientôt la force enchanteresse

» Pour modérer les feux d'une ardente jeunesse,

» Et de mes passions les mouvemens divers.

» Je gagnai l'amitié du berger des déserts :

» Patience, douceur, travail, exactitude

» Adoucirent enfin la sombre inquiétude

» Du barbare Butis, qui, fier d'épouvanter,

» Crut, dès le premier jour, devoir me tourmenter.

» Pour mieux charmer l'ennui d'un pénible esclavage,

» Supporter le séjour de ce désert sauvage,

» Je cherchai quelque livre : encor trop incertain ,

» Je sentis que j'avais , quel que fût mon destin ,

» Besoin d'instruction salutaire et solide ,

» Pour nourrir mon esprit et lui servir de guide.

» Heureux qui, satisfait des plaisirs innocens ,

» Saura fuir les plaisirs qui tourmentent les sens!

» Cultivant son esprit , dans le champ des sciences

» Se plaire à recueillir d'utiles connaissances ! .

» Quelque part que le jette un sort trop envieux

» Il emporte avec lui des trésors précieux,

» Au sein des voluptés, au milieu des délices,

» D'autres, pour se tromper , cherchent mille artifices;

» Mais l'ennui les dévore avec acharnement,

» Et qui sait s'occuper ignore ce tourment.

« Heureux, disais-je, heureux qui se plaît à s'instruire ,

» Et n'est pas comme moi privé de pouvoir lire ! »

» Tandis que, moins sensible à mes tristes revers,

» Je roulais dans mon cœur tant de pensers divers ,

» Loin des ardeurs du jour mon troupeau cherchait l'ombre

» Je m'enfonce avec lui dans une forêt sombre.

» J'aperçus tout à coup, sur le même chemin ,

» Un vieillard qui tenait un livre dans sa main.

» Port plein de majesté, haute et noble stature,

» Barbe blanche pendant jusques à la ceinture,

» Front chauve, un peu ridé, brûlé par le soleil,

» Et cependant encor le teint frais et vermeil,

» Les yeux vifs et perçans, le son de voix aimable;

» Mortel ne me parut jamais si vénérable !

»Termosiris, enfin, pour vous dire son nom,

» Termosiris était un prêtre d'Apollon.

» Les rois d'Égypte, au sein de la forêt antique,

» Avaient fait élever un temple magnifique,

» Où le marbre imitait l'éclat du dieu du jour ;

» Le vieillard le servait dans ce pieux séjour ;

» Il avait dans sa main quelques hymnes sacrées,

» Aux louanges des dieux par l'amour consacrées.

» D'un jeune infortuné sans doute il prend pitié ,

» M'aborde, et m'entretient d'un air plein d'amitié.

»Il racontait si bien les faits des premiers âges ,

» Que l'on croyait en voir les vivantes images ;

» Il était si brillant dans ses descriptions ,

» Si vif et si rapide en ses narrations,

» Que je ne pus jamais me lasser de l'entendre !

» Non : plus il m'apprenait, plus je voulais apprendre.

» Sa science profonde et son long souvenir

» Le faisaient de bien loin lire dans l'avenir.

» Comme il connaissait l'homme !... Avec tant de prudence,

» Il joignait la gaîté, la douce complaisance ;

» Il avait plus de grâce au déclin de ses ans,

» Que le plus beau jeune homme à la fleur du printemps :

» Aussi, de quel amour il aimait la jeunesse

» Vertueuse, et docile aux vœux de la sagesse !

» Bientôt de mille égards je le vis me combler ;

» Il m'aima tendrement, et, pour me consoler,

» Secondant mes désirs, me donna des ouvrages,

» Monumens éternels de la raison des sages.

» Je l'appelais mon père, il m'appelait son fils ;

» Souvent je lui disais : « Des dieux, Termosiris,

» Peut-être avais-je, hélas ! mérité la colère !

» Ils m'ont ôté Mentor !... Touché de ma misère,

» Le ciel, à mon égard, moins sévère aujourd'hui,

» Ici me fait en vous trouver un autre appui ! »

» Sans doute, ce rival de Linus et d'Orphée,

» D'une flamme céleste avait l'âme échauffée ;

» Il me chantait les vers qu'il avait composés.

» Des Muses, d'Apollon mortels favorisés,

» Il me chantait aussi vos sublimes cantiques !

» Quels accords ravissans ! quels concerts magnifiques !

» Quand de sa longue robe il était revêtu,

» Robe où l'éclat du lis était même vaincu ;

» Quand, l'esprit transporté d'un aimable délire,

» Il prenait dans ses mains l'ivoire de sa lyre,

» Les ours et les lions aux tigres alliés

» Venaient le caresser, et lui lécher les piés :

» Les faunes, près de lui, retraçaient par leurs danses

» De ses chants gracieux les légères cadences,

» Les arbres enchantés semblaient mouvoir leurs fronts,

» L'œil séduit eût cru voir, partout aux environs,

» Les rochers attendris descendre des montagnes !

» Un silence profond régnait dans les campagnes.

» Il célébrait des dieux l'ineffable grandeur,

» Des vertus des héros l'éclatante splendeur ;

» Il chantait ces mortels d'éternelle mémoire,

» Qui, fuyant les plaisirs, n'ont suivi que la gloire ! »

— « Confiez-vous aux dieux, disait Termosiris;

» Ils n'abandonneront Ulysse ni son fils !

» D'Apollon, qu'on adore en cet auguste temple,

» Vous devez, imitant le glorieux exemple,

» Enseigner aux mortels à cultiver les arts :

» Des Muses que l'amour naisse de toutes parts !

5

» Apollon autrefois indigné que son père,

» Par ses foudres troublant le repos de la terre,

» Du sommet de l'olympe osât des plus beaux jours

» Par un fracas horrible interrompre le cours,

» Aux Cyclopes, soumis à toute sa vengeance,

» Fit de ses traits vainqueurs éprouver la puissance;

» Ils périrent... Dès lors, de ses flancs caverneux,

» L'Etna ne vomit plus ses tourbillons de feux ;

» Le cratère est muet! de sa voûte enflammée

» On ne voit plus jaillir ni cendre ni fumée.

» On n'entend plus les coups des terribles marteaux,

» Qui, tombant sur l'enclume et domptant les métaux

» Faisaient au loin gémir les cavernes profondes,

» Et la terre ébranlée, et l'abîme des ondes :

» Bientôt la rouille ronge et le fer et l'airain;

» Pour les purifier plus de bras, plus de main....

» L'ardent Vulcain s'indigne au fond de sa fournaise:

» Il en sort furieux, il n'est rien qui l'apaise.

» Quoique boiteux, il court, il vole vers les cieux ;

» Il arrive, est admis dans le conseil des Dieux,

» Tout mouillé de sueur, tout couvert de poussière: »

— « C'en est fait, leur dit-il, de la nature entière,

» Si l'on ne met un frein aux fureurs d'un jaloux.

» Voyez ce qu'il a fait! vengez-moi! vengez-vous! »

« Jupiter, transporté d'une juste colère,

» Chasse Apollon du ciel, l'exile sur la terre.

» Pour donner aux mortels et les nuits et les jours,

» Son char vide suivait de lui-même son cours ;

» La marche des saisons n'en fut pas moins réglée,

» Ce que permit du ciel la bonté signalée.

» Privé des attributs de la Divinité,

» Errant et vagabond, dans son adversité

» Réduit à devenir simple berger d'Admète,

» Apollon fut contraint de prendre la houlette !...

» Il jouait de la flûte, et, des prochains hameaux,

» Tous les bergers venaient, à l'ombre des ormeaux,

» Écouter, sur le bord d'une claire fontaine,

» Les sons harmonieux dont il charmait sa peine.

» Jusqu'alors satisfaits de vivre au fond des bois,

» Des plus grossiers besoins ne suivant que les lois,

» Ces informes humains, en ce triste rivage,

» N'avaient eu qu'une vie et brutale et sauvage :

» Ils savaient seulement conduire leurs brebis,

» De leur blanche toison se faire des habits,

» Épuiser d'un lait pur leurs mamelles fécondes,

» L'épaissir, l'arrondir dans des coupes profondes :

» Ils ne voyaient, hélas ! rien au delà pour eux,

» Et la campagne était comme un désert affreux.

» Apollon crut devoir vaincre leur ignorance

» Par l'étude des arts qui charment l'existence.

» A leurs yeux tour à tour retraçant tous les temps,

» Tantôt il leur chantait les douceurs du printemps,

» Les festons merveilleux dont son front se couronne,

» Les fleurs qu'il fait éclore et les parfums qu'il donne;

» Tantôt il célébrait la noble majesté

» Et l'aimable fraîcheur des belles nuits d'été;

» La terre s'enivrant de l'humide rosée

» Par les jeunes zéphyrs sur son sein déposée.

» On l'entendait encor, dans ses sublimes chants,

» De l'automne vanter les utiles présens,

» Les nombreuses moissons, qui, dans les vastes plaines,

» Du laboureur actif récompensent les peines,

» Le repos de l'hiver, et le folâtre jeu

» Que se font les bergers de danser près du feu.

» Il leur représentait enfin les forêts sombres

» Qui couvrent les coteaux de leurs paisibles ombres,

» Les vallons sinueux, où, par mille détours,

» De limpides ruisseaux, ralentissant leur cours,

» Éternisent l'émail de leurs rives fleuries,

» Et semblent se jouer au milieu des prairies.

» C'est ainsi qu'Apollon, étalant à leurs yeux

» Tout ce que la nature a de plus gracieux,

» Ce qui peut faire aux champs le plaisir de la vie,

» De mortels fortunés peupla la Thessalie.

» Ces bergers, possédant leurs champêtres hautbois,

» Se trouvèrent bientôt plus heureux que les rois;

» Les plaisirs purs, fuyant les superbes portiques,

» Par groupes accouraient vers leurs foyers rustiques :

» L'innocente bergère, en ce charmant pays,

» Attachait sur ses pas les grâces et les ris :

» Chaque matin de fleurs elle parait sa tête,

» Et chaque jour pour elle était un jour de fête.

» L'oreille n'entendait que le chant des oiseaux,

» Le souffle du zéphyr, le murmure des eaux :

» Le zéphyr se jouait au milieu du feuillage,

» L'onde pure tombait de la roche sauvage,

» Et les heureux bergers qui suivaient Apollon

» Partout faisaient redire aux échos du vallon

» Les vers qu'en les brûlant d'une divine flamme

» Les déesses du Pinde inspiraient à leur âme.

» Pendant son long exil il leur avait appris,

» Dans la lutte, à la course, à remporter le prix,

» Atteindre dans les airs l'hirondelle rapide,

» Et percer dans les bois le cerf, le daim timide.

» Jupiter même enfin des bergers fut jaloux :

» Sa gloire, son bonheur lui parurent moins doux ;

» Et, crainte qu'on ne fût trop heureux sur la terre,

» Il rappela son fils au séjour du tonnerre. »

» Pour vous, ô mon cher fils, pour vous quelle leçon !...

» Aujourd'hui votre sort est celui d'Apollon :

» Comme lui défrichez cette terre sauvage,

» Faites naître les fleurs sur ce triste rivage ;

» Aux champs il ramena les jours de l'âge d'or,

» Si vous pouviez ici les ramener encor !...

» Aux charmes des beaux vers, d'un peuple trop farouche

» Tâchez d'accoutumer et le cœur et la bouche ;

» Adoucissez leurs mœurs : dans l'aimable vertu

» Qu'ils rencontrent un bien qui leur est inconnu.

» Faites-leur désirer la douce jouissance

» Des plaisirs que l'on goûte au sein de l'innocence,

» Plaisirs de la retraite aux grands trop étrangers,

» Et que rien ne saurait enlever aux bergers !

» Sur le trône, mon fils, les soucis et les peines,

» Qui des sceptres des rois font de pesantes chaînes,

» Vous forceront, hélas ! à regretter un jour

» Le bonheur qu'on éprouve au champêtre séjour !.. »

« Il me donne à ces mots la flûte la plus belle ;

» C'était, par sa douceur, la tendre Philomèle.

» J'essayai quelques airs, et j'en tirai des sons

» Si beaux, si gracieux que les échos des monts,

» Semblant de toute part se plaire à les répandre,

» Attiraient les bergers enchantés de m'entendre.

» Quel charme dans ma voix ! quels célestes accens !

» Un transport inconnu confondait tous mes sens !..

» Sans doute maîtrisé par un pouvoir suprême,

» Profondément ému, j'étais hors de moi-même,

» Et prêt à publier les bienfaits précieux,

» Les trésors dont les champs sont comblés par les Dieux !...

» Nous chantions tous les jours, souvent les nuits entières :

» Oubliant leurs troupeaux, oubliant leurs chaumières,

» Immobiles, charmés, ravis de mes chansons,

» Les bergers attentifs dévoraient mes leçons.

» Bientôt s'offrit partout la plus riante image !

» Il semblait que ce lieu n'eût plus rien de sauvage,

» Que de ses habitans l'aimable urbanité

» De la terre elle-même adoucît l'âpreté !

» Près de Termosiris, sous ses heureux auspices,

» Souvent pour faire aux Dieux nos pieux sacrifices

» Nous nous réunissions au temple d'Apollon ;

» Jours charmans consacrés à la religion!..

» La bergère en dansant, et de fleurs couronnée,

» Portait de dons sacrés une corbeille ornée ;

» Le berger la suivait le front ceint de laurier,

» En l'honneur du grand dieu qu'il venait supplier.

» Ces devoirs saints remplis, à l'ombrage du hêtre,

» Quel plaisir nous goûtions dans un festin champêtre.

» Des figues, des raisins, des dattes, fruits exquis

» Qu'aux vergers fraîchement nos mains avaient cueillis,

» Lait pur et parfumé que nous tirions nous-mêmes,

» Faisaient de ce festin les délices suprêmes !

» Table en un tapis vert siége sur le gazon,

» Perspective charmante au fond de l'horizon !

» De nos arbres touffus l'ombrage délectable

» Nous donnait un abri plus sûr, plus agréable,

» Un luxe plus brillant, plus riche mille fois

» Que ces lambris dorés que contemplent les rois.

» Pour moi le ciel encor permet une aventure!..

» Un lion affamé, cherchant un jour pâture,

» Sur mon faible troupeau s'élance ; et, sous nos yeux,

» Se signale d'abord par un carnage affreux !

» Je n'avais à la main qu'une mince houlette ;

» Des bergers effrayés la foule était muette !

» Je me sens animé d'une héroïque ardeur,

» J'avance hardiment ! Le monstre avec horreur

» Hérisse sur son cou sa terrible crinière,

» Il me montre sa griffe et sa dent meurtrière,

» Dans sa gueule altérée un abîme brûlant,

» Et d'un sang enflammé son œil étincelant,

» Sa queue à coups pressés irrite sa colère ;

» Je fonds comme l'éclair, et le renverse à terre.

» La cotte qu'en Egypte a sur soi tout berger

» Me protégea sans doute en ce mortel danger.

» Je l'atterre trois fois, trois fois il se redresse !

» De ses rugissemens, signes de sa détresse,

» L'écho porte au lointain les effrayans éclats :

» Je redouble d'efforts, l'étouffe entre mes bras,

» Et dès lors les bergers, témoins de ma victoire,

» Veulent que sa dépouille, insigne de ma gloire,

» Soit désormais entre eux mon plus bel ornement !

» Le bruit de cet exploit et du beau changement

» Qu'éprouva des bergers l'existence grossière

» Eut bientôt parcouru l'Egypte tout entière,

» Et (je crois le devoir au bon Termosiris)

» Parvint même à la cour du sage Sésostris.

» Il sut qu'un des captifs à qui la barbarie

» Assigna faussement dans Tyr une patrie,

» En ces tristes déserts, par un heureux essor,

» Avait de toute part ramené l'âge d'or.

» Il désira me voir, ce roi qui dans son âme

» Brûlait pour les humains d'une divine flamme ;

» Il trouvait dans les arts un plaisir enchanteur :

» Tout ce qui peut instruire était cher à son cœur !

» Il me vit, m'accueillit d'un air de complaisance,

» Et découvrit comment, trompant sa vigilance,

» L'avare Métophis, pour un vil intérêt,

» Surprit à sa prudence un rigoureux arrêt !

» Au fond d'une prison , se reprochant nos peines,

» Il fit plonger le monstre, et le chargea de chaînes,

» Le dépouillant des biens , de ses déportemens,

» De sa cupidité funestes alimens :

— « Hélas ! me disait-il, malheureux que nous sommes !

» Nous que le ciel plaça sur le reste des hommes !

» L'auguste vérité s'enfuit loin de nos yeux !

» On est environné de traîtres odieux ,

» Qui l'écartent souvent de celui qui commande !

» En vain il la réclame, en vain il la demande,

» Sous un zèle affecté cachant l'ambition,

» L'intérêt ne permet que vaine illusion !

» A la cour chacun dit qu'il adore son maître,

» N'adorant que les biens dont il peut se repaître;

» Comment l'aimerait-on ? On n'espère obtenir

» Qu'autant qu'on sait flatter ou que l'on sait trahir!..

» Enfin, soyez heureux, aimable Télémaque,

» Partez sur mes vaisseaux, allez revoir Ithaque :

» Parmi tous mes guerriers choisissez; il est temps

» D'arracher Pénélope à d'importuns amans. »

« Vous peindrai-je ma joie et ma reconnaissance ! ...

» Ce n'est donc plus, disais-je, une vaine espérance !

» Tout est prêt ! Nous allons bientôt quitter le port.

» J'admirais en secret les caprices du sort,

» Qui relève soudain ceux que, comme la foudre,

» Il a le plus avant enfoncé dans la poudre.

» Mon cœur se soulageait, et j'espérais qu'un jour

» D'Ulysse en ses états je verrais le retour;

» Oui je croyais, d'après ma propre expérience,

» Déjà prévoir un terme à sa longue souffrance.

» D'un autre espoir bien doux je me flattais encor,

» De retrouver aussi le généreux Mentor !

» On avait depuis peu révoqué l'ordre impie

» Qui l'envoya souffrir aux champs d'Ethiopie.

» Pour m'informer de lui différant mon départ,

» Partout j'interrogeais, j'allais de toute part;

» Quand du grand Sésostris, vaincu par les années,

» Une soudaine mort finit les destinées:

» Cette mort me plongea dans de nouveaux malheurs.

» A ce terrible coup toute l'Egypte en pleurs

» Offrait de la tristesse une image effroyable:

» Chaque famille en deuil était inconsolable;

» Les vieillards s'écriaient, levant les mains aux cieux:

— « Nous perdons notre ami..! Vis-tu, terre des dieux,

» Dans un prince vis-tu tant de vertus ensemble?

» Non... non... tu n'auras plus un roi qui lui ressemble!

» Ah! grands dieux! il fallait, mesurant vos bienfaits,

» Ou ne point le montrer, ou ne l'ôter jamais!

» Au sage Sésostris pourquoi faut-il survivre?

» Accordez-nous plutôt la faveur de le suivre! »

« Les jeunes gens disaient: — C'en est fait!.. Plus d'espoir!

» Hélas! nous l'avons vu pour ne plus le revoir!

» Ah! nos pères du moins furent heureux de naître

» Pour ne vivre en ces lieux que sous un si bon maître! »

« Des peuples éloignés, pendant quarante jours,

» On voit vers le tombeau le plus nombreux concours:

» Chacun de Sésostris veut emporter l'image,

» Ou franchir avec lui le terrible passage [2] !

» Ce qui mettait encor le comble à la douleur,

» C'était que Bocchoris, son fils, son successeur,

» Envers les étrangers toujours brusque, intraitable,

» N'éprouvant pour les arts qu'un dégoût indomptable,

» N'avait qu'un froid dédain pour l'homme valeureux,

» Que portait vers la gloire un élan généreux.

» La gloire!.. des grands cœurs ce sublime apanage

» Vers soi n'avait jamais attiré son hommage!

» Plus le père fut grand dans l'art de gouverner,

» Plus le fils fut, hélas! indigne de régner :

» Une fierté brutale, une obscure mollesse

» Etait le seul produit de sa folle jeunesse.

» S'abreuver sans pitié du sang des malheureux,

» Et se croire pétri d'un autre limon qu'eux,

» En frivoles plaisirs, en énormes dépenses

» Prodiguer, dissiper les richesses immenses

» Que, de vastes états prévoyant les besoins,

» Un père vigilant acquit par tant de soins,

» Satisfaire, assouvir ses passions honteuses;

» Tels étaient les effets de ses mœurs monstrueuses!

» Sans cesse environné de jeunes corrupteurs,

» Il se laissait aller à leurs conseils flatteurs,

» Rebutant des vieillards la longue expérience!..

» Ces vieillards vertueux, que de sa confiance

» Naguères honorait le sage Sésostris,

» Ne faisaient que l'objet de son profond mépris!

» Ce n'était point un roi, mais un monstre!.. atterrée,

» L'Egypte dévorait sa douleur concentrée,

» Quoique le nom d'un père aimé de tous les cœurs

» Fît souffrir dans le fils tant de lâches fureurs,

» Ce fils dégénéré, chancelante colonne,

» Succombait sous le poids de sa noble couronne.

» Il ne m'est plus permis d'espérer un retour!..

» Sur les bords de la mer, dans une horrible tour,

» L'ordre du souverain que la vengeance abuse,

» Me renferme soudain près des murs de Péluse.

» Nous étions sur le point de partir de ces lieux,

» Quand le roi fut, hélas! rappelé vers les cieux :

» A la cour Métophis rentré bientôt en grâce,

» Sur moi s'était hâté de venger sa disgrâce.

» Et, les nuits et les jours accablé de douleur,

» J'épuisais à longs traits la coupe du malheur !

» Ce qu'on m'avait prédit, perdu comme un vain songe,

» A mon esprit n'offrait que l'erreur d'un mensonge :

» *L'antre*, *Termosiris*, j'avais tout oublié,

» Mon cœur par tant de maux était pétrifié!

» A mes pieds j'entendais les roches gémissantes

» Retentir sous les coups des vagues mugissantes.

» Souvent je contemplais le roulement des eaux,

» La tempête en courroux fondant sur des vaisseaux,

» Ensemble menacés d'un funeste naufrage

» Contre les rocs aigus de ce triste rivage ;

» Loin d'en avoir pitié, je désirais leur sort!

— » Ah! plus heureux que moi, disais-je avec transport,

» Ils verront tous leurs maux finir avec la vie ,

» Où rentreront bientôt au sein de leur patrie !

» Ni l'un ni l'autre, hélas! je ne puis l'espérer :

» En ces lieux contre moi tout semble conspirer ! »

« J'exhalais en ces mots une plainte inutile,

» Quand de mâts tout à coup une forêt mobile

» Du fond de l'horizon vient frapper mes regards,

» Et bientôt sur la mer flottent de toutes parts

» Des voiles dont le sein s'ouvre aux vents favorables.

» Sous les coups redoublés de rames innombrables

» L'onde écume ; partout ce sont des cris confus :

» Je vois sur le rivage ensemble confondus ,

» Ici d'Egyptiens une foule en alarmes,

» Du geste et de la voix s'entr'excitant aux armes,

» Là d'autres qui semblaient aller aussi nombreux

» Au-devant des vaisseaux appelés par leurs vœux.

» De deux bords étrangers la flotte était partie,

» Et de l'île de Chypre et de la Phénicie,

» J'en fus bientôt certain : déjà, par mes revers,

» J'apprenais avec fruit la science des mers.

» Sur la terre d'Isis la Discorde inhumaine

» Sans doute avait vomi les poisons de la haine,

» Tout me le témoignait ; je n'en fus point surpris :

» Par ses excès nombreux l'insensé Bocchoris

» Avait de ses sujets, révoltant les esprits,

» Allumé tous les feux de la guerre civile !..

» De quels combats je fus spectateur immobile !

» Ceux qui, de tant de maux voulant rompre le cours,

» Avaient des étrangers invoqué le secours,

» Les ayant accueillis au sein de leur patrie,

» Contre leurs fiers rivaux fondent avec furie ,

» Cependant que le roi, terrible comme Mars,

» A la tête des siens affronte les hasards.

» Le sang coule à grands flots : dans ces champs de carnage

» A peine Bocchoris peut s'ouvrir un passage :

» Dans des ruisseaux de sang son char par lui poussé

» D'une boue écumante était embarrassé.

» Ce jeune roi bien fait, d'une belle stature,

» Sorti presqu'accompli des mains de la nature,

» Portait le désespoir et la rage en ses yeux ;

» Tel sans frein dans la plaine un coursier furieux,

» Au hasard le poussait son aveugle courage ;

» Son grand cœur n'avait rien de réglé ni de sage.

» Réparer ses erreurs, ordonner à propos,

» Peser d'une manœuvre et les biens et les maux,

» Ménager des guerriers le zèle et la vaillance,

» C'est ce que lui cachait son inexpérience.

» Cependant son génie égalait sa valeur ;

» Heureux s'il eût reçu les leçons du malheur !

» De ses maîtres pervers l'horrible flatterie

» Avait empoisonné les sources de sa vie ;

» Ivre de son pouvoir, son orgueil dédaigneux

» Prétendait tout soumettre à ses désirs fougueux ;

» La moindre résistance, enflammant sa colère,

» Soudain le transformait en tigre sanguinaire ;

» Sa bonté naturelle et sa droite raison

» Succombaient aux transports de sa convulsion.

» Il réduisait à fuir ses serviteurs fidèles,

» N'aimant que qui flattait ses passions cruelles;

6

» Ainsi, pour son malheur aux extrêmes porté,

» De tous les gens de bien il était détesté.

» Contre la multitude avec quelque avantage

» Long-temps ce jeune prince opposa son courage ;

» Mais enfin je le vis, de fatigue épuisé,

» Succomber et périr sous le nombre écrasé.

» Comme il se signalait au pied d'une colline,

» Le dard d'un Tyrien lui perça la poitrine.

» Les rênes tout à coup échappent de sa main ;

» Renversé sur le fer enfoncé dans son sein,

» Il tombe ; ses coursiers le foulent dans la boue,

» Tout son corps est meurtri sous la sanglante roue.

» La frayeur, dissipant son parti consterné,

» A de barbares mains le laisse abandonné :

» Un Cyprien s'élance ; il lui coupe la tête,

» Saisit par les cheveux son affreuse conquête,

» Et du haut d'une pique, au milieu des clameurs,

» L'offre comme un trophée aux regards des vainqueurs.

» D'une image effrayante impression profonde !

» Cette tête qu'on prend dans une fange immonde,

» Ces superbes cheveux d'un sang livide teints,

» Ces traits défigurés, ces yeux fermés, éteints,

» Cette bouche entr'ouverte, autrefois si sonore,

» Paraissant se mouvoir, prête à tonner encore,

» Cet air fier que la mort ne pouvait effacer,

» Cet orgueil indompté qui semblait menacer,

» Poursuivront mon esprit tout le temps de ma vie !

» Et, si des immortels la justice infinie

» Sur un trône jamais me forçait à monter,

» De cet affreux tableau puissé-je profiter !

» Me rappeler toujours qu'un roi sur sa puissance

» Ne peut du vrai bonheur fonder la jouissance

» Qu'autant qu'il la soumet au joug de la raison !

» Elle seule le rend digne de ce beau nom.

» Pour le bonheur commun le ciel l'avait fait naître :

» Quel malheur à ce prince, hélas ! s'il n'est le maître

» De tant d'hommes commis à ses soins généreux

» Que pour ne dominer que sur des malheureux ! »

FIN DU CHANT SECOND.

NOTES

CHANT SECOND.

---

(1) D'autres l'appellent *Sésonchis*.

(2) *Mercure* pour le commerce, comme *la Fortune* pour les richesses, et *Neptune* pour la mer : c'est là ce qui avait enflé l'orgueil des Tyriens.

(3) Le frère du roi s'appelait *Armais*, à qui les Tyriens, après son crime, avaient fourni des troupes.

(4) Chaque peuple faisait représenter ses dieux sur la poupe : *Nil pictis navita puppibus fidit.* Hor., l. 1, od. 12.

(5) Quoique les géographies modernes ne donnent au Nil que deux bouches, on en comptait sept du temps de Sésostris. V. Séthos.

(6) La plus occidentale de l'Egypte, sur la Méditerranée ; aujourd'hui *Pharion*, près d'Alexandrie, autrefois *No*, détruite par Sennachérib.

(7) En Égypte cette partie était spécialement confiée aux ministres de la religion.

(8) ..... *Oceani finem juxta solemque cadentem*
   Ultimus Æthiopum locus est..... Virg., l. IV, v. 480.

(9) L'Égypte était appelée *la mère des dieux.* V. Diodore.

(10) C'était le fameux lac de *Caron*, avant d'arriver au *Labyrinthe*, dont les portes d'airain s'ouvraient avec un bruit pareil à celui du tonnerre. Voyez Diodore.

SOMMAIRE DU CHANT TROISIÈME.

TÉLÉMAQUE raconte que Termutis, successeur de Bocchoris, rendit tous les prisonniers tyriens, et qu'il fut lui-même emmené sur le vaisseau de Narbal, qui commandait la flotte tyrienne ; que Narbal lui dépeignit Pygmalion, roi de Tyr, dont il fallait craindre la cruelle avarice, et l'instruisit sur le commerce de cette ville ; qu'il allait s'embarquer sur un vaisseau cyprien quand Pygmalion découvrit qu'il était étranger, et voulut le faire arrêter ; qu'alors il était sur le point de succomber ; mais qu'Astarbé, favorite du roi, l'avait sauvé pour mettre en sa place un jeune homme dont le mépris l'avait irritée.

CHANT TROISIÈME.

De ces discours touchans la profonde sagesse
Fixait sur le héros les yeux de la déesse ;
Mais ce qui l'étonnait, et la frappait le plus,
C'était de ses erreurs les aveux ingénus,
Erreurs d'une jeunesse inconstante et fragile,
A de grandes leçons souvent trop indocile.
Soi-même s'accuser, avouer ses défauts,
Cette noble grandeur n'appartient qu'aux héros !
Sa modération, sa sage prévoyance
Faisaient de sa jeunesse excuser l'imprudence,
Dont il avait si bien déjà su profiter !...
« Enfin, dit-elle, las de vous persécuter
» Le ciel en d'autres lieux vous permit de vous rendre?
» Racontez-nous comment : je brûle de l'apprendre,
» Et comment de ses maux votre cœur put encor
» Aller se consoler dans les bras de Mentor ! »

— « Le parti vertueux, dit-il, qui dans son zèle

» Toujours à son monarque était resté fidèle,

» Le voyant à ses vœux arraché par la mort,

» fut contraint de céder à la rigueur du sort.

» Sur le trône bientôt, d'après l'antique usage,

» Termutis élevé par le commun suffrage,

» Avec les étrangers, sa main sur les autels,

» Consacre une alliance aux pieds des immortels.

» Les captifs tyriens sont rendus à la vie :

» Soudain de toute part j'entends crier *Patrie!*...

» Quel sentiment alors se réveille en mon cœur !...

» Doux espoir!... je pourrai partager leur bonheur!...

» Dans le nombre compris, d'une tour abhorrée

» Je sors, et je les suis sur la plaine azurée.

» La voile ouvre son sein à la faveur des vents;

» L'airain de l'aviron fend les flots écumans;

» Une flotte innombrable à l'instant se déploie;

» Chacun jusques aux cieux porte ses cris de joie !

» Les bords égyptiens loin de nous semblent fuir;

» Les collines, les monts paraissent s'aplanir;

» Bientôt l'œil ne verra que le ciel et que l'onde.

» Au vaste sein des mers, pour éclairer le monde,

» De ses coursiers fougueux Phébus pressant les flancs

» Annonce à l'horizon ses feux étincelans.

» De ses premiers bienfaits déjà l'incarnat dore

» Les sommités des monts que nous voyons encore,

» Et la voûte des cieux, peinte d'un sombre azur,

» Nous flatte de l'espoir du trajet le plus sûr :

» Enfin, perçant des flots la profondeur immense,

» Le Soleil dans les airs comme un géant s'élance.

» Étranger, inconnu, bientôt de toutes parts

» Sur moi des passagers j'attirai les regards.

» Le chef me demanda mon nom et ma patrie :

» Je ne suis point, seigneur, né dans la Phénicie,

» Lui dis-je; je l'avoue : avec des Tyriens,

» Un jour chargé de fers par les Égyptiens,

» J'ai depuis supporté les maux de l'esclavage !

» Libre enfin, c'est à vous que j'en dois l'avantage ;

» Le nom qui me perdit me rappelle au bonheur !...

» Croyez que mon langage est celui de l'honneur :

» Vous voyez devant vous le jeune Télémaque,

» Le fils d'un prince grec, d'Ulysse, roi d'Ithaque.

» Parmi vingt autres rois au siége d'Ilion

» Il étendit long-temps la gloire de son nom ;

» Mais les dieux au héros vainqueur de la Phrygie

» N'ont point encor permis de revoir sa patrie.

» Son fils l'a vainement cherché jusqu'aujourd'hui;

» La Fortune en courroux me poursuit comme lui !..

» Ah ! dans votre pitié soulagez ma misère !

» N'aspirant qu'à revoir ma famille et mon père,

» Nuit et jour je soupire après ce doux moment !

» Narbal me contemplait avec étonnement ;

» Il crut apercevoir dans toute ma personne

» Quelque chose de grand, d'heureux, que le ciel donne

» Aux mortels de son choix, hélas ! trop peu nombreux !...

» Éprouvé par le temps, sincère et généreux,

» Ce guerrier fut touché de ma longue souffrance,

» S'entretint avec moi d'un ton de confiance

» Qu'à son âme sans doute inspirèrent les dieux,

» Pour me sauver encor d'un péril sérieux.

» — La vertu, le chagrin peints sur votre visage

» De votre foi, dit-il, me donnent un sûr gage :

» Oui, je sens que les dieux que j'ai toujours servis

» Vous aiment, et de moi veulent que comme un fils

» Je vous guide en ces lieux, en vous servant de père.

» Je vous donnerai donc un avis salutaire :

» Promettez seulement, promettez le secret ;

» Je suis récompensé si vous êtes discret !

» — Et moi : Ne craignez pas qu'en cette circonstance

» Télémaque se fasse un tourment du silence

» Sur ce que votre cœur voudra me confier!...

» Sans chercher devant vous à m'en glorifier,

» De la discrétion la plus constante étude

» M'en a fait, quoique jeune, une vieille habitude :

» Pour le secret d'autrui j'aimerais mieux mourir,

» Oui, mourir mille fois avant de le trahir !

» — Comment, me dit Narbal, avec tant de jeunesse

» Avez-vous pu gagner ce haut point de sagesse ?

» Je serais bien charmé d'apprendre le moyen

» Qui vous a procuré cette vertu, ce bien

» Du commerce du monde heureux et sûr mobile,

» Sans lequel des talens le reste est inutile !

» — Vers Ilion Ulysse appelé loin de nous

» Me prit entre ses bras, me mit sur ses genoux,

» Et l'œil humide, après le baiser le plus tendre,

» Me dit ces mots, qu'hélas ! je ne pouvais entendre :

» — La douleur de jamais te revoir en ces lieux,

» Puissent, ô mon cher fils, me l'épargner les dieux !

» Que la parque plutôt, bornant ta destinée,

» Détruise de tes jours la trame condamnée,

» Comme on voit dans les champs la faux du moissonneur

» Sur sa tige couper la jeune et tendre fleur !

» Puissent mes ennemis sous les yeux de ta mère,

» Puissent mes ennemis sous les yeux de ton père

» T'écraser si jamais ton cœur trop corrompu

» Pour le vice odieux renonce à la vertu !...

» Mes amis, reprit-il, c'est à votre sagesse

» Que je laisse l'objet de ma vive tendresse :

» Si vous m'aimez toujours, guidez ses jeunes ans ;

» Bannissez loin de lui ces lâches courtisans,

» Qui, par leur dangereuse et basse flatterie,

» En corrompant le prince affligent la patrie !

» Veuillez le cultiver comme un jeune arbrisseau

» Qui sous d'habiles mains devient toujours plus beau :

» Pliez et redressez avec force et prudence.

» Qu'à la sincérité joignant la bienfaisance,

» Il aime la justice, et soit surtout discret ;

» Qu'il sache dans son cœur concentrer un secret.

» Le menteur éhonté du nom d'homme est indigne ;

» Mais qui ne sait se taire est sur la même ligne !

» — Ce fut donc là pour moi votre dernier discours,

» O mon père ! on me l'a répété tous les jours ;

» Souvent je le rappelle, et jusqu'au fond de l'âme

» J'en ai l'expression gravée en traits de flamme!...

» Des amis de mon père heureux et nobles soins,

» Toujours habilement réglés sur mes besoins!

» Seigneur, j'étais encor dans la plus tendre enfance

» Qu'ils me faisaient déjà la triste confidence

» De leurs secrets ennuis, sombres pressentimens

» Des projets criminels que d'insensés amans,

» Obsédant nuit et jour Pénélope, ma mère,

» Tramaient sur le faux bruit de la mort de mon père :

» Ainsi dès mon printemps, me jugeant assez mûr,

» On me traitait en homme intelligent et sûr.

» Sans mystère souvent dans une sainte ligue

» On sondait devant moi la plus pénible intrigue,

» Et l'on me consultait sur les moyens divers

» Qu'on aurait d'écarter ces poursuivans pervers.

» Mon cœur était ravi de tant de confiance,

» Et déjà souriait à son expérience !

» De ma bouche jamais on n'entendit sortir

» Un seul mot du secret qu'on eût voulu trahir :

» Souvent les prétendans tâchaient de me surprendre;

» Que de piéges subtils cherchaient-ils à me tendre!

» Vains efforts ! J'éloignais, sans manquer aux égards,

» Ce qui ne devait point paraître à leurs regards :

» Chaque jour je sortais triomphant d'une attaque!

» Narbal me dit alors : — Vous voyez, Télémaque,

» Quel est notre ascendant sur l'empire des eaux !

» Que tout tremble à l'aspect de nos nombreux vaisseaux !

» Le commerce qu'étend la riche Phénicie

» Des colonnes d'Hercule au fond de l'Hespérie

» Fleurit de toute part, entasse dans nos ports

» De l'univers entier les éternels trésors.

» Contre nous Sésostris, entouré de sa gloire,

» N'a jamais sur les mers pu fixer la victoire,

» A peine sur la terre, alors qu'en conquérant

» En dix lustres il eut parcouru l'Orient :

» Combien peu jouit-il des fruits d'un vil hommage !

» Trop riches, trop puissans pour souffrir l'esclavage,

» Nous sûmes, indignés d'un tribut onéreux,

» Nous soustraire bientôt à son joug rigoureux.

» Tyr à la vérité de sa grande prudence

» Avait à redouter plus que de sa puissance !

» Sur un indigne fils déposant son pouvoir,

» La mort de ce grand roi nous rendit à l'espoir :

» Enfin l'indépendance éteignit nos alarmes,

» Et les Égyptiens, loin de prendre les armes

» Pour nous soumettre encore à leur joug odieux,

» Aidés de notre appui contre un roi furieux,

» Avec la liberté nous doivent l'existence.

» Quelle gloire aujourd'hui jointe à notre opulence !

» Mais en d'autres climats portant la liberté ,

» Esclaves, nous voyons notre propre cité

» Depuis long-temps gémir sous des lois violentes !

» D'un barbare tyran craignez les mains sanglantes !

» Chaste époux de Didon, modèle des humains !

» Ton beau sang fume encore en ces cruelles mains !

» De grands trésors, voilà le crime de Sichée :

» Fuyant Pygmalion, sa sœur infortunée

» Sur la côte africaine avec quelques vaisseaux

» Va chercher un asile et des états nouveaux.

» Ceux à qui la vertu , la liberté fut chère

» La suivent presque tous sur la plage étrangère

» Où Carthage naissante , élevée à sa voix,

» Prospère en ce moment sous ses heureuses lois.

» Cruelle soif de l'or ! ô soif insatiable !...

» De cette passion esclave misérable,

» Pygmalion , partout haï de ses sujets ,

» En fait de ses fureurs les malheureux objets.

» De grands biens , des trésors, pour lui ce sont des crimes !

» Chaque jour voit tomber de nouvelles victimes.

» Le riche il le poursuit, et le pauvre il le craint ;

» D'autant plus violent qu'il se croit plus contraint ,

» Son farouche dépit, sa frénésie avare

» Le rendent soupçonneux, défiant et barbare.

» La droiture est encore un crime bien plus grand ;

» Ses traits sont pour le prince un tableau déchirant!

» La vertu le condamne, et contre elle il s'irrite :

» Dans ses sombres ennuis tout le ronge et l'agite!

» Les dieux, pour le confondre et pour mieux l'éblouir,

» L'accablent de trésors dont il n'ose jouir.

» Il cherche le bonheur ! la route qu'il préfère,

» Au but de ses désirs est la route contraire.

» Il craint toujours de perdre, et même en ses bienfaits

» Tout, quelque peu qu'il donne, excite ses regrets :

» Sa dévorante soif nuit et jour le tourmente !

» Ce prince à nos regards rarement se présente :

» Au fond de son palais, sans relâche troublé,

» Il est seul, abattu, de tristesse accablé ;

» Autour de lui sans cesse une garde terrible

» De fer tranchant promène un appareil horrible

» Et, jusqu'à ses amis, crainte d'être suspect,

» Chacun frissonne, et fuit son redoutable aspect.

» Là trente appartemens en ligne contiguë

» N'offrant de toute part qu'une suite ambiguë,

» Avec six gros verrous, partout fermés d'airain,

» Recèlent tour à tour l'ombrageux souverain !

» La nuit jamais deux fois ne le vit dans le même ;

» Il tremble à chaque instant pour son heure suprême !

» Il ne sentit jamais en son cœur sans pitié

» Entrer les plaisirs purs ni la douce amitié.

» Dans cet horrible état lui parle-t-on de joie,

» Il voit que loin de lui la terreur la renvoie.

» Errant de tout côté, nuit et jour ses yeux creux ;

» Hagards et furibonds, brillent de feux affreux !

» Il prête au moindre bruit une oreille inquiète,

» Tout son être est miné d'une frayeur secrète.

» Il est pâle, défait, et sur son front ridé

» Sont peints les noirs soucis dont il est obsédé.

» Dissimulant en vain le mal qui le déchire,

» Dévoré de remords, il se tait, il soupire !

» Que font pour lui les mets les plus délicieux ?...

» Loin d'être son espoir, ses enfans à ses yeux

» N'offrent que des objets de nouvelles alarmes !

» Malgré tous ses trésors, ses guerriers et leurs armes,

» Il n'a goûté jamais les douceurs du repos ;

» Chaque jour est marqué par des tourmens nouveaux !

7

» Il ne vit que du sang dont il se rassasie ;

» Mais sur sa cruauté c'est en vain qu'il se fie,

» Plus défiant que lui, de ce monstre pervers

» Quelqu'un de ses suppôts purgera l'univers.

» Pour moi, je crains les dieux, et n'ai point d'autre crainte !

» Oui, révérant du ciel l'auguste volonté,

» Je servirai mon prince avec fidélité.

» Contre son souverain un lâche seul conspire !

» Je sais que c'est d'en haut que lui vient son empire,

» Et, fallût-il mon sang pour conserver ses jours,

» On me verrait soudain voler à son secours !...

» Pour vous, gardez-vous bien, ô jeune Télémaque,

» Qu'il reconnaisse en vous le fils du roi d'Ithaque,

» Attiré par l'appât d'une énorme rançon,

» Il vous ferait plonger au fond d'une prison.

» — Enfin, du sein des mers nous passons sur la terre,

» Et, suivant de Narbal le conseil salutaire,

» Je reconnus bientôt la triste vérité

» De ce que sur la flotte il m'avait raconté ;

» Mais plus j'examinais, moins je pouvais comprendre

» Comment Pygmalion n'avait su que se rendre

» Un objet à la fois de mépris et d'horreur

» Avec tant de moyens de faire son bonheur.

» Quel spectacle hideux ! ma surprise est extrême !...

» Voilà donc un mortel, me disais-je à moi-même,

» Qui, dès les premiers pas, prompt à se décevoir,

» Sur d'immenses trésors, sur l'absolu pouvoir

» De la félicité crut établir l'essence !

» Sur son trône éclatant, malgré sa jouissance,

» Il n'est que malheureux, et l'a toujours été

» Par sa richesse même et son autorité !

» S'il n'était que berger, ainsi que moi naguère,

» Il jouirait des biens que prodigue la terre,

» Jouirait sans remords de ces plaisirs touchans,

» De ces plaisirs qu'hélas ! on ne trouve qu'aux champs !

» Il ferait consister sa volupté suprême

» A chérir les humains, en être aimé de même :

» Loin des traits de la haine et de la trahison,

» Il ne redouterait le fer ni le poison.

» Sans doute il n'aurait pas ces richesses énormes,

» Aussi vaines pour lui que des graviers informes,

» Puisqu'il n'ose en jouir, puisqu'il n'ose y toucher ;

» Mais, en tout satisfait, qu'aurait-il à chercher ?

» Souverain absolu, ce prince semble faire

» Tout ce qu'à son ardeur sa volonté suggère :

» Eh ! veut-il ? non : ce sont ses folles passions !

» En proie à l'avarice, en proie à ses soupçons,

» Du reste des humains quand il paraît le maître,

» De son cœur corrompu lui-même ne peut l'être :

» Autant il doit compter de maîtres, de bourreaux

» Qu'il a dans ses transports de caprices nouveaux !

» Sans voir Pygmalion, mon âme déchirée

» Était à ces pensers tout entière livrée.

» Du monde il paraissait séparé pour toujours !

» On tremblait seulement à voir ces hautes tours,

» Ces remparts orgueilleux, dont la terrible enceinte

» Même à ses noirs suppôts n'inspiraient que la crainte !

» C'est là qu'avec son or, au fond de son donjon,

» Il se tenait fermé comme en une prison.

» Qu'il était différent, ce monarque invisible,

» Du sage Sésostris, doux, affable, accessible,

» Ami de l'étranger, cherchant partout la voix

» De cette vérité si déguisée aux rois !

» Sésostris, abhorrant l'art dangereux de feindre,

» Ne craignit jamais rien, et n'avait rien à craindre,

» Disais-je ; à ses sujets ravis et triomphans

» Se montrait comme un père à ses heureux enfans ;

» Armé de ses vertus et de sa bienfaisance,

» Il pouvait sans danger prodiguer sa présence.

» Pygmalion craint tout, a tout à redouter !

» Malgré mille guerriers qu'il faudrait affronter,

» Ce prince infortuné, que son peuple déteste,

» Peut craindre à chaque instant le sort le plus funeste.

» Un édit solennel, émané de la cour,

» Permit aux Cypriens de presser leur retour :

» Le succès signalé qu'avait eu leur vaillance

» Cimenta pour long-temps leur utile alliance ;

» Ils reçurent le prix de leur fidélité,

» Et Narbal, espérant hâter ma liberté,

» Saisit l'occasion qu'offrait une revue,

» Où je pusse en leurs rangs échapper à la vue,

» Aux regards inquiets d'un prince soupçonneux,

» Que les moindres objets rendaient plus ombrageux.

» Le défaut dominant des princes trop faciles

» C'est de s'abandonner, aveuglément dociles,

» A la séduction, aux perfides avis

» Du troupeau corrompu de leurs vils favoris ;

» Mais de Pygmalion le sombre caractère

» Le rendit le jouet d'un défaut tout contraire :

» Se défiant de tout, de remords combattu,

» Il haïssait le vice autant que la vertu.

» Eût-il su distinguer à son discret langage

» Le mortel généreux, l'homme prudent et sage,

» L'aimable probité qui ne déguise rien?

» Accueillit-il jamais un seul homme de bien?

» Ce n'est pas un tyran que cherche la sagesse,

» Elle connaît trop bien sa grandeur, sa noblesse!...

» Depuis que sur le trône était Pygmalion,

» Ses yeux avaient d'ailleurs vu tant d'ambition,

» Tant de vices affreux et tant de perfidie,

» Tant de fausses vertus et tant d'hypocrisie,

» Que les hommes en tout lui paraissaient égaux,

» Tous méchans, tous jaloux, tous également faux,

» N'en exceptant aucun, n'admettant sur la terre

» Nulle vraie équité, nulle vertu sincère!

» Partout il supposait de criminels penchans,

» Trouvait même les bons pires que les méchans,

» Prétendant qu'aux défauts de l'humaine nature

» Ils joignaient encor plus la fraude et l'imposture.

» Mais enfin j'échappai, pour revenir à moi,

» J'échappai dans le nombre aux yeux perçans du roi.

» Le vertueux Narbal frémissait, dans la crainte

» Que l'on ne découvrît son innocente feinte :

» C'en était fait de moi, c'en était fait de lui!

» Sur son front je lisais un incroyable ennui!

» Aussi pour mon départ sa vive impatience

» Ne pouvait s'égaler qu'à ma reconnaissance ;

» Mais, contre nos désirs, l'inconstance des vents

» Nous retint sur ces bords encore assez long-temps.

» J'employai mon séjour à voir une contrée

» De l'univers entier justement honorée ;

» J'étudiai ses lois, j'étudiai ses mœurs.

» Oh combien j'admirais en ces lieux enchanteurs

» Surtout le site heureux de cette immense ville,

» Au milieu de la mer, assise sur une île ² !...

» Quel spectacle imposant offert de toutes parts

» Sur la côte voisine étonna mes regards!...

» D'un sol délicieux la richesse féconde

» Ravit par la beauté des fruits dont elle abonde,

» Par le nombre infini des cités, des hameaux

» En échelons plantés de coteaux en coteaux,

» Par la douceur enfin, d'une température

» Salutaire bienfait des mains de la nature !

» Là sont de vastes monts, perpétuel abri

» Contre les vents brûlans qu'enfante le midi ;

» Là du souffle du nord, des champs de Cilicie
» Sur la mer refoulé, la côte est rafraîchie ;
» Là l'énorme Liban, dont le front sourcilleux
» Se hausse, fend les airs et va frapper aux cieux.
» Du dieu brillant du jour défiant la puissance,
» Une glace éternelle orne ce front immense,
» Et des rochers aigus à sa tête adhérens
» Des fleuves pleins de neige, épandus en torrens,
» Étalent de leurs flots l'albâtre magnifique[3] !
» Aux pieds de la montagne une forêt antique
» Nourrit ces rois pompeux des bois de l'univers,
» Des cèdres dont les troncs comptent autant d'hivers
» Que le terrain fécond qu'embellit leur ombrage,
» Et qui jusqu'à la nue élèvent leur feuillage.
» Plus loin on voit errer les taureaux mugissans,
» Et sur le vert gazon les agneaux bondissans
» Multiplier leurs jeux près de leurs douces mères ;
» Mille ruisseaux rouler leurs ondes toujours claires.
» Au fond de là prairie un superbe bassin
» Offre à l'œil enchanté comme un riant jardin
» Où nul arbre infécond, nulle plante infertile
» Ne fatigue le sol de son poids inutile.
» C'est là que le printemps, l'automne réunis
» Règnent pour entasser et les fleurs et les fruits !

» Du midi dévorant ni l'haleine abhorrée,

» Ni le souffle glacé du rigoureux Borée

» N'ont altéré jamais le riche émail des fleurs

» Qui parent ces beaux lieux de leurs vives couleurs.

» C'est enfin vis-à-vis cette côte fertile

» Que du sein de la mer on voit sortir une île,

» D'où Tyr semble nager sur le gouffre écumant,

» Et commander en reine au perfide élément.

» D'industrieux mortels des divers points du monde

» Une foule en tout temps sur cette plage abonde;

» Mais des portes du jour aux champs Hespériens

» Les plus chéris des dieux ce sont les Tyriens!

» A mille nations Tyr ouvrant un asile

» D'un peuple séparé ne semble point la ville :

» En ce point important tous, ne composant qu'un,

» De leurs nobles travaux font un centre commun.

» De deux môles massifs un double bras s'avance,

» Et presqu'en demi-cercle enferme un port immense,

» Dont le bassin paisible, aimé des matelots,

» Ne permet pas aux vents de tourmenter les flots :

» Une forêt de mâts en couvre la surface,

» Et les vaisseaux entre eux laissent si peu d'espace

» Que, quelque grand que soit le port qui les contient,

» A peine l'œil peut voir l'onde qui les soutient.

» Là tous les habitans s'appliquent au commerce :

» C'est un heureux labeur auquel chacun s'exerce,

» Et loin que l'opulence en puisse dégoûter,

» Elle enflamme encor plus l'ardeur de l'augmenter.

» Près du lin de Péluse étale son empreinte

» Dans un sang merveilleux la pourpre deux fois teinte,

» Objet qui, pénétré de ces sucs éclatans ,

» Devient inaccessible aux injures du temps.

» Le Tyrien réserve à ces couleurs divines

» Les plus nobles tissus des laines les plus fines,

» Richesse, éclat, beauté qu'il sait parer encor

» De larges ornemens brodés d'argent et d'or.

» D'un hardi monopole usant seul , sans émule,

» Il porte son commerce aux Colonnes d'Hercule,

» Et même aux premiers jours les cèdres du Liban

» Osèrent avec lui traverser l'Océan,

» Qui de ses vastes bras tient la terre entourée.

» Long-temps il a vogué sur la mer Érythrée 4 ,

» C'est même sur ses flots que vers les champs d'Ophir

» Il va recueillir l'or , les perles, le saphir,

» Et grossir ses trésors, aux îles inconnues,

» De merveilles qu'avant Tyr n'avait jamais vues ;

» De rares animaux , de parfums précieux

» Qu'on irait vainement chercher en d'autres lieux.

» A peine je pouvais rassasier mes yeux !

» Cette grande cité, dans l'Univers unique ,

» M'offrait de toute part un aspect magnifique !

» Quel mouvement partout et quelle activité !

» Je n'y rencontrais point la curiosité,

» Le concours inquiet, ni l'obscure mollesse

» Qu'on voit régner surtout aux villes de la Grèce :

» Point d'oisifs, affamés des nouvelles du jour,

» Allant de fictions se bercer tour à tour,

» Ou se pressant au port pour guetter sur la rive

» Des parages lointains quel étranger arrive...

» Les uns soigneusement déchargent leurs vaisseaux,

» Portent aux magasins leurs précieux fardeaux ;

» Un autre les reçoit, les classe , les arrange ;

» Ceux-là sont occupés ou de vente ou d'échange,

» Et ceux-ci d'établir en calculs rigoureux

» Ce que les étrangers ont à crédit sur eux :

» Tandis qu'à leurs côtés leurs épouses charmantes

» Tracent de leurs dessins les nuances savantes,

» D'une laine superbe entourent leurs fuseaux ,

» Ou secondent en tout leurs utiles travaux.

„ M'adressant à Narbal : — Comment donc, je vous prie,

» Lui disais-je, comment a pu votre patrie

» S'enrichir aux dépens de ce vaste univers,

» Et s'emparer ainsi de l'empire des mers? »

— « De son site, dit-il, vous voyez l'avantage !

» C'est à lui seul que Tyr doit son heureux partage ;

» Et, si nous en croyons ce qu'on a raconté

» De faits dont au lointain se perd l'antiquité,

» Bien des siècles avant l'héroïque jeunesse

» Conduite par Typhis tant vanté dans la Grèce,

» Nous avons les premiers, sur de frêles vaisseaux,

» Affronté la tempête et la fureur des flots,

» Nous avons les premiers, par un effort sublime,

» Du terrible élément sondé l'immense abîme,

» Au sein même des mers observé dans les cieux

» Des flambeaux de la nuit le cours silencieux,

» A nos nombreux travaux adjoint tant de contrées

» Par des gouffres profonds trop long-temps séparées !

» Ce peuple industrieux ne craint aucun danger ;

» Il est actif, hardi, patient, ménager ;

» Il observe les lois d'une exacte police :

» On n'y voit que concorde, on n'y voit que justice !

» Jamais plus de constance et de sincérité

» N'offrit plus de franchise et de fidélité :

» Le jour n'éclaira point de peuple plus affable,

» Qui fût pour l'étranger d'un abord plus aimable.

» Voilà, sans en chercher des motifs différens,

» Ce qui nous a rendus si fameux et si grands ;

» Voilà ce qui pour nous de tous les biens du monde

» Entasse dans ce port la richesse féconde.

» Mais si la jalousie et la division

» Chassaient de ces remparts la paix et l'union,

» Si du bien de l'état la mollesse ennemie

» Exilait le travail, la sage économie,

» Si l'amour des beaux arts cessait d'être honoré,

» Si jamais l'étranger cessait d'être assuré,

» Si, d'un commerce libre altérant les lois sûres,

» Tyr négligeait le soin de ses manufactures,

» Et si d'avares mains, s'effrayant sur les frais,

» Dégradaient les produits, les rendaient moins parfaits,

» On verrait tout à coup tomber cette puissance

» Qui présente à vos yeux tant de prépondérance ! »

— « Au sein de ma patrie, ajoutai-je à Narbal,

» Oserais-je espérer un avantage égal ? »

— « Vous le pouvez, dit-il, ô jeune Télémaque !

» Ce que l'on fait ici faites-le dans Ithaque.

» Par d'assidus égards attirant l'étranger,

» Mettez-le dans vos ports à l'abri du danger ;

» Commodité surtout, liberté tout entière,

» De vos relations c'est la règle première !

» Gardez-vous bien d'orgueil, de folle vanité ;

» Fermez bien votre cœur à la cupidité !

» Il faut pour prospérer, il faut jamais n'étendre

» Ses désirs au delà de ce qu'on peut prétendre :

» Savoir perdre à propos est un secret heureux.

» Aimez les étrangers, dussiez-vous souffrir d'eux.

» Jamais par la hauteur n'armez leur jalousie ;

» Soyez ferme et constant, fuyez l'hypocrisie :

» L'art du commerce veut qu'à la facilité

» Vous unissiez les lois de la sincérité.

» Sachez autour de vous les rendre inviolables ;

» Punissez sans pitié, punissez les coupables !

» Qu'en vous la fraude trouve un juge rigoureux,

» Et surtout extirpez un faste dangereux

» Qui, père du dégoût et de la négligence,

» Engendrerait bientôt la hideuse indigence !

» Gardez-vous d'allier à vos nobles projets

» Un gain que vous devez laisser à vos sujets !

» Du fruit de leurs travaux qui prétend le partage

» Paralyse l'essor des bras qu'il décourage.

» Au monarque pourquoi ne suffirait-il pas

» De l'or que le commerce amène en ses états ?

» Le commerce, à mes yeux, est la source féconde

» Que l'on épuisera si l'on détourne l'onde.

» Il est, pour l'étranger, de votre dignité

» Qu'il rencontre partout succès et sûreté :

» Votre empire pour lui n'offrira rien d'utile

» Qu'autant que de vos ports l'accès sera facile.

» S'il s'en éloigne un jour, il ne reviendra plus !

» Prévenez sagement des regrets superflus,

» D'une funeste erreur fâcheuse conséquence,

» Lorsqu'en d'autres climats a fui la préférence !

» Las ! il faut l'avouer, cette splendeur de Tyr,

» Dès long-temps affligé, je la vois s'obscurcir !

» Si sa magnificence aujourd'hui vous étonne,

» Avant qu'un prince indigne usurpât la couronne

» Combien plus vos regards auraient été surpris !

» D'un sceptre qui se rompt vous voyez les débris [5] !

» Il n'en sera bientôt que la triste mémoire !

» Tyr, malheureuse Tyr, qu'as-tu fait de ta gloire ?

» De mille points du monde autrefois dans tes mains

» Neptune t'apportait les tributs des humains !

» D'un monarque ombrageux, ô terreur importune !

» De ces lieux chaque jour elle accroît l'infortune.

» Pygmalion craint tout du dedans, du dehors !

» Frondant l'antique usage, au lieu d'ouvrir ses ports,

» Il les ferme : un mât seul le trouble de son ombre !

» Des vaisseaux arrivans il veut savoir le nombre,

» Savoir de chaque objet la nature, le prix,

» Du moindre matelot le nom et le pays,

» Le temps de son séjour, et, le dirai-je encore ?

» (Où ne le pousse point la soif qui le dévore !)

» Par des moyens affreux, trop indignes d'un roi,

» Lui-même, provoquant le mépris à la loi [6],

» Pour avoir à punir quiconque la transgresse,

» Et pour le dépouiller de toute sa richesse,

» Il fait peser son bras sur le plus opulent :

» Chaque jour est témoin d'un acte violent !

» Partageant sans pudeur les fruits de l'industrie,

» Il trafique, et partout on craint sa perfidie.

» Hélas ! pour l'enrichir, pour charger les impôts

» Ce sont incessamment des prétextes nouveaux :

» Les étrangers perdront le chemin de cette île,

» Qui pour eux autrefois fut le plus sûr asile !

» Tout languit ! tout périt ! bientôt ils fuiront tous

» En quelque autre climat mieux gouverné que nous.

» Pour ne rien ignorer de la haute tactique,

» Où la raison fonda la saine politique,

» Je demande à Narbal comment sur le trident

» Les Tyriens ont pris un pareil ascendant. »

— « Le Liban, répond-il, fournit à nos usages

» Ces cèdres sur ses flancs nés dès les premiers âges ;

» La loi les réserva pour les publics besoins :

» Vous voyez ce qu'en font le génie et les soins !

» Tyr, sans rien emprunter jamais aux autres villes,

» Voit naître dans son sein mille artistes habiles.

» — Mais comment en des arts, ailleurs si peu connus,

» A ce point éminent sont-ils donc parvenus ?

» Je disais, et Narbal : — Dans la constante étude

» Du bien l'homme contracte une heureuse habitude ;

» Tous, insensiblement formés en ces réduits,

» Ils aiment un travail dont ils cueillent les fruits.

» S'il voit de ses sueurs la digne récompense,

» Vers la perfection bientôt l'homme s'avance :

» Sachez favoriser de généreux élans,

» Et vous verrez partout éclore les talens !...

» Tyr honora toujours le savant qui manie

» Ou le compas d'Hermès ou celui d'Uranie ;

» Tout concourt au grand art de maîtriser les flots :

8

» Un pilote prudent parmi tous ses rivaux

» Sait-il se distinguer dans les champs de Neptune,

» Il voit à ses succès sourire la fortune.

» On ne méprise point cet utile artisan

» Qui, la hache à la main, aux cèdres du Liban

» Fait subir chaque jour cette métamorphose,

» Des richesses de Tyr noble et première cause.

» Du modeste rameur l'humble profession

» Sur ces rives jouit d'une protection,

» D'un bien-être assuré, que des mains bienfaitrices

» Savent coordonner à ses nombreux services.

» Est-il absent, infirme ou courbé sous les ans,

» L'état l'adopte, lui, sa femme et ses enfans.

» Vient-il à succomber dans un cruel naufrage,

» A l'infortune ouvert, le trésor les soulage.

» Après un temps fixé d'honorables travaux,

» On permet à chacun un glorieux repos ;

» Et c'est aux grands effets de cette bienveillance

» Que tient d'utiles bras l'étonnante abondance.

» Dans son laborieux, mais utile métier

» Le père avec plaisir instruit son héritier :

» Bientôt sa jeune main rame, ou tend les cordages,

» Bientôt son jeune cœur affronte les orages !...

» C'est ainsi, sans contrainte, à la voix de l'honneur,

» Qu'on guide les mortels au chemin du bonheur :

» Le bien ne dépend point de la seule puissance !

» Comme il ne suffit pas d'aveugle obéissance,

» Il faut gagner les cœurs, et les encourager

» A cultiver les fruits que l'on veut partager. »

» Il enchantait mon âme autant que mon oreille !

» Bientôt, me promenant de merveille en merveille,

» Il me fait admirer magasins, arsenaux,

» Chantiers, constructions, armemens de vaisseaux :

» Je demande, j'écoute, et me hâte d'écrire

» Pour ne rien oublier de ce que j'entends dire.

» Cependant de Narbal la tendre affection,

» Pour moi plus que pour lui craignant Pygmalion,

» Ne me voyait, hélas! qu'avec inquiétude !

» Comment tromper long-temps la triste exactitude

» D'un million d'argus errans de toute part?...

» Mais les vents s'opposaient encore à mon départ.

» Je parcourais du port l'incroyable étendue;

» Mille objets curieux y séduisaient ma vue :

» Dans mon avidité j'osais interroger

» Tantôt un Tyrien, tantôt un étranger.

» Soudain un officier, par un ordre suprême,

» S'avance vers Narbal, et dit : — Le roi lui-même

» Vous mande qu'en ces lieux il sait qu'un Cyprien

» Avec vous est venu du bord égyptien :

» Il ordonne sur lui la plus rigide enquête ;

» Vous répondez, Narbal, de tout sur votre tête !

» J'avais non loin de là l'esprit alors frappé,

» D'un vaisseau surprenant fortement occupé,

» D'un chef-d'œuvre nouveau, dont toutes les parties

» Étaient si savamment entre elles assorties

» Que l'art n'avait jamais atteint cette hauteur !

» Et j'aimais à m'instruire auprès de son auteur.

—» Sur ce jeune étranger, que dans Chypre on vit naître,

» J'irai, reprit Narbal, satisfaire mon maître.

» Dans la foule aussitôt l'officier est perdu.

» Mon ami court vers moi, tout tremblant, éperdu :

— « A quel malheur, dit-il, le destin nous entraîne !

» Cher Télémaque, hélas ! notre perte est certaine !

» Je l'avais trop prévu ! le soupçon ne dort pas ;

» Il était nuit et jour attaché sur vos pas.

» Pygmalion l'ordonne, il veut qu'on vous arrête,

» Il veut être obéi, j'en réponds sur ma tête !...

» Que résoudre ?... Ah ! daignez sur nous jeter les yeux,

» Donnez-nous la sagesse, inspirez-nous, grands Dieux!...

» Écoutez : au palais puisqu'il faut que l'on monte,

» Vous êtes Cyprien et né dans Amathonte;

» Vos parens, attachés au culte de Vénus,

» Et moi, depuis long-temps nous nous sommes connus.

» Si mes soins à propos par vous sont soutenus,

» Peut-être que le roi, sans sonder davantage,

» Vous laissera quitter ce dangereux rivage.

» Soyez ferme et prudent : ce sont les seuls moyens

» De sauver à la fois et vos jours et les miens.

— » Je vous dois tout, lui dis-je, et de mon infortune

» Faut-il que la rigueur nous devienne commune ?

» Non, laissez-moi; le ciel me condamne à périr :

» Laissez un malheureux, Narbal; je sais mourir.

» L'auguste vérité par moi serait trahie !

» Par un déguisement je sauverais ma vie !

» Ah ! ne l'exigez point! je dirai tout..., non, non,

» Je ne suis point de Chypre, et j'annonce mon nom !

» Dieux! en quelque malheur que le destin le plonge,

» Télémaque ne veut rien devoir au mensonge!

— » Mais, me répond Narbal, en ce péril pressant

» Ce mensonge n'est rien qu'un mensonge innocent.

» Il nous sauve tous deux, et ne nuit à personne;

» Loin de le condamner, le ciel même l'ordonne :

» Si nous trompons le roi, c'est pour le garantir

» D'un crime que suivrait un affreux repentir.

» La vertu veut amour, mais amour sans contrainte,

» Et c'est de l'outrager porter trop loin la crainte.

—» L'homme parle, lui dis-je, en présence des dieux ;

» Tout mensonge est, dès lors, un mensonge odieux.

» Trahir la vérité, c'est leur faire une offense ,

» Soi-même se blesser, blesser sa conscience :

» Nous devons, nous devons tout à la vérité!

» Oui, la dissimuler est une lâcheté !...

» Et de vous et de moi le mensonge est indigne!...

» Empoisonner les fruits d'une faveur insigne [8] !

» Non, non, cessez, Narbal, et n'exigez de moi

» Que ce qui de l'honneur remplit la sainte loi.

» Que peuvent contre nous tous les tyrans du monde

» Si des dieux plus puissans la pitié nous seconde?

» Mais s'il faut succomber en ces affreux revers

» Nous laisserons au moins l'exemple à l'Univers

» D'avoir su préférer à la plus longue vie

» Une vertu constante et sans ignominie !

» De mes trop longs malheurs pour rompre enfin le cours

» Je devrais de la mort implorer le secours!

» C'est vous seul, cher Narbal, c'est vous seul qu'il faut plaindre!

» Pour vous et non pour lui Télémaque doit craindre!

» Faut-il que votre cœur dans un si grand danger

» Vous plonge sans retour, et pour un étranger? »

» Mais bientôt près de nous arrive hors d'haleine

» Un second officier, envoyé par la reine.

» Belle autant que Vénus, à ses divins attraits

» D'un esprit enchanteur elle unissait les traits:

» Dans ses folâtres jeux flatteuse, insinuante,

» Dans ses déguisemens sirène séduisante,

» De son cœur corrompu l'artifice profond

» Était pour tous les yeux un abîme sans fond.

» De ses brillans dehors la trompeuse apparence

» Cachait la cruauté, la haine, la vengeance,

» Sanguinaires enfans de son ambition,

» D'une femme orgueilleuse ardente passion!

» Sa beauté, son esprit, les doux sons de sa lyre

» Sur le roi lui donnaient un souverain empire.

» De l'amour le plus pur Astarbé triompha!...

» Pygmalion pour elle abandonna Topha,

» Sa jeune épouse, aimable autant que vertueuse!...

» Ce monarque, courbé sous sa chaîne honteuse,

» Sur les goûts d'Astarbé réglant tous ses plaisirs,

» S'efforçait, mais en vain , de combler ses désirs,

» Et de cette beauté l'ambitieux caprice

» Le tourmentait autant que sa pâle avarice,

» Moins malheureuse encor que son aveugle amour,

» Dont le plus froid mépris était l'affreux retour :

» En couvrant ses dédains d'un artifice infâme ,

» Astarbé lui jurait la plus constante flamme,

» Lui jurait de n'aimer, de ne chérir que lui ,

» Quand elle en éprouvait le plus mortel ennui !

» A Tyr vivait alors un de ces beaux Narcisses,

» Jeunes, efféminés, noyés dans les délices :

» Cheveux blonds et flottans, artistement peignés,

» Retombant sur l'épaule, et d'essences baignés ,

» Vêtemens précieux de pourpre éblouissante,

» Teint de rose et de lys de fraîcheur ravissante !...

» Sur sa lyre d'ivoire et les nuits et les jours

» Malakon s'occupait à chanter ses amours.

» L'œil d'Astarbé le voit ! aussitôt dans son âme

» S'allument tous les feux d'une coupable flamme ;

» Dans ses brûlans transports elle aime avec fureur !

» Mais elle flatte en vain sa criminelle erreur.

» Malakon, soupirant pour la belle Aspasie,

» Et redoutant du roi la sombre jalousie,

» Affecte pour ses feux un mépris insultant :

» D'un cœur au désespoir la vengeance l'attend !

» Astarbé, pour punir le plus sanglant outrage,

» Profite du hasard, et, détournant l'orage

» Qui venait à l'instant de gronder contre moi,

» Jure de l'accabler sous le courroux du roi.

» Incapable en effet de résister au crime,

» Pygmalion trompé condamne la victime.

» On suborne aisément un monde corrompu !

» Bientôt par Astarbé tout obstacle est rompu.

» Le monarque n'aimait ni vertu ni justice :

» Près de lui constamment l'intérêt, l'artifice,

» Lâches instigateurs de ses cruels forfaits,

» Chargés d'en assurer les sinistres effets,

» Aidaient à le tromper, redoutant la colère

» D'Astarbé, qui pouvait tout oser et tout faire.

» Ainsi, quoique partout connu pour Lydien,

» Le jeune infortuné, déclaré Cyprien,

» Succombant aux fureurs d'une femme hautaine,

» Au fond d'une prison descend porter sa chaîne.

» Esclave cependant d'une suprême loi,

» Narbal devait aller se présenter au roi ;

» Mais Astarbé, tremblant qu'en cette conjoncture

» Ce généreux guerrier ne trahît l'imposture,

» Pour séduire Narbal autant que l'effrayer

» Sur le champ fit partir le second officier :

— » La reine, lui dit-il, a voulu que je vinsse

» Révoquer devant vous l'ordre de notre prince !

» Qu'un secret éternel sauve cet étranger :

» Une faute le plonge au plus profond danger !

» Il faut que dans l'instant ce jeune homme s'embarque ;

» Ainsi, brave Narbal, l'ordonne le monarque !

» La reine près de lui s'engage à vous servir :

» Point de scrupule vain ; hâtez-vous d'obéir ! »

« Enchanté de sauver et sa vie et la mienne,

» Narbal avec ardeur met sa main dans la sienne,

» Et, presqu'en un clin d'œil à nos yeux dérobé,

» L'officier va calmer les soucis d'Astarbé.

» Narbal et moi, d'abord attendris, en silence

» Nous admirions des Dieux la douce bienveillance,

» Qui jamais n'oublia ceux qui pour la vertu

» Aux dépens de leur vie ont toujours combattu.

» Nous pleurions sur un prince en proie à l'avarice,

» Esclave d'une femme et de son vain caprice !

» Basse cupidité, sacrilége fureur,

» Odieuse mollesse, ô quels objets d'horreur!...

» Mais, hélas! disions-nous, de tant de méfiance

» L'erreur doit être enfin la triste récompense!

» Soupçonnant dans les bons l'art de se déguiser,

» Par de vils scélérats il se laisse abuser :

» Ce qui, comme un jour pur, éclaire tout le monde

» Ne présente à ses yeux qu'obscurité profonde ;

» Seul, il n'aperçoit rien !... Voyez Pygmalion,

» Qu'aveugle sans retour sa double passion,

» Cependant que du ciel l'invincible puissance

» Fait servir les méchans à sauver l'innocence !

» Les vents changent soudain, et, caressant les eaux,

» Vers Chypre à pleine voile appellent les vaisseaux :

» — Ah! s'écria Narbal, vous reverrez Ithaque !

» Oui, le ciel se déclare, ô mon cher Télémaque!

» Le ciel veut conserver des jours qui lui sont chers:

» Fuyez un sol maudit!... Au fond de l'univers,

» Heureux qui, près de vous portant ses destinées,

» Pourrait y voir couler ses paisibles journées!

» Heureux qui pourrait vivre et mourir avec vous!...

» A ma triste patrie un destin en courroux

» M'attache, hélas!... Je sens, malgré ma peine amère,

» Qu'un fils ne doit jamais abandonner sa mère :

» Oui, c'est ma mère ! il faut avec elle souffrir ,

» Sous ses débris peut-être un jour m'ensevelir !

» Tyr au terme fatal sourdement s'achemine !

» Qu'importe s'il me faut partager sa ruine,

» Pourvu que , jusqu'au bout aimant la vérité,

» Et ma bouche et mon cœur s'ouvrent à l'équité !...

» Je conjure les Dieux, dont la bonté suprême

» Me semble par la main vous conduire elle-même ,

» De vouloir, des présens qui nous viennent des cieux

» Vous faire le plus noble et le plus précieux ,

» Vertu pure , sans tache , et pour toute la vie !...

» Vivez ! vivez ! allez revoir votre patrie !

» Consolez Pénélope, et de ses vains amans

» Confondez à jamais les affreux sentimens !

» Puissent, un jour, vos yeux revoir avec délice,

» Puissent un jour vos bras serrer le sage Ulysse !

» Puisse-t-il retrouver un fils digne de lui,

» Un fils de ses vieux ans l'inébranlable appui !...

» Mais, dans votre bonheur, au sein de votre gloire,

» Du malheureux Narbal conservez la mémoire,

» Et ne cessez jamais de l'aimer ! — A ces mots

» Je tombe entre ses bras : mes soupirs, mes sanglots,

» Mes larmes sur son sein coulant en abondance ,

» Sont les signes muets de ma reconnaissance !

» Serrés l'un contre l'autre, abattus, chancelans ,

» En silence au vaisseau nous allons à pas lents !

» Nous nous quittons !... Narbal reste sur le rivage,

» Et, tant que le vaisseau franchit l'humide plage,

» L'un vers l'autre tournés , nous nous cherchons des yeux

» Jusqu'à ce que le port disparaît sous les cieux ! »

FIN DU CHANT TROISIÈME

NOTES

CHANT TROISIÈME.

———◦◦◦———

(1) *Et spumas salis ære ruebant.* Virg. , Æn. , l. 1.

(2) Le petit nombre des rimes en *ile* (*i* long) m'a forcé à passer sur la règle.

(3) C'est de cette blancheur que vient le nom de Liban. Sam. Bochart, l. 1 , ch. 42.

(4) La mer Rouge , ou le golfe Arabique.

(5) Le Mierre aurait aussi dit à l'égard des Tyriens : *le trident de Neptune est le sceptre du monde.*

(6) *Le mépris de la loi* donnerait une *amphibologie.*

(7) Compas d'*Hermès* pour la *géométrie , * celui d'*Uranie* pour l'*astronomie.*

(8) Ne voulez-vous me sauver que pour me rendre coupable.

FIN.

www.ingramcontent.com/pod-product-compliance
Lightning Source LLC
Chambersburg PA
CBHW060156100426
42744CB00007B/1057